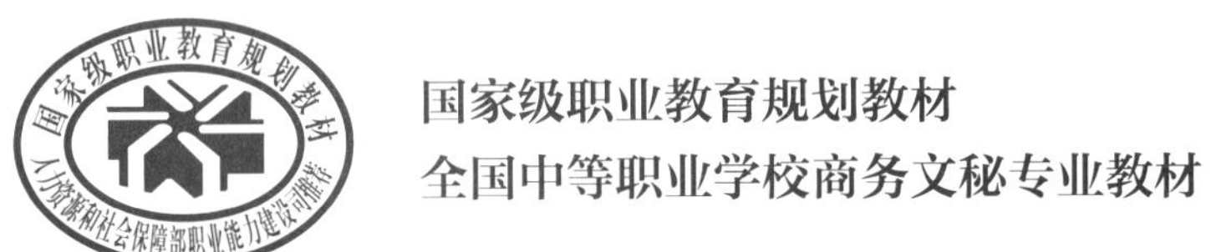

国家级职业教育规划教材

全国中等职业学校商务文秘专业教材

现代管理基础知识（第三版）

主编　肖剑锋

中国劳动社会保障出版社

简介

本书立足于现代管理的基础性理论，紧扣企业管理的实际，介绍了企业的组织管理、采购管理、生产管理、仓储与配送管理、市场营销管理、人力资源管理和企业战略管理。

本书紧紧围绕职业院校对商务文秘专业人才的培养目标，注重结合职业院校学生的实际状况，兼顾了知识目标和能力目标，实用性、可读性较强。

本书由肖剑锋任主编，吴滢任副主编，谢美婧、黄珍参加编写。

图书在版编目（CIP）数据

现代管理基础知识 / 肖剑锋主编. -- 3版. -- 北京：中国劳动社会保障出版社，2020
全国中等职业学校商务文秘专业教材
ISBN 978-7-5167-4232-7

Ⅰ. ①现…　Ⅱ. ①肖…　Ⅲ. ①管理学 – 中等专业学校 – 教材　Ⅳ. ①C93

中国版本图书馆 CIP 数据核字（2020）第 008521 号

中国劳动社会保障出版社出版发行

（北京市惠新东街 1 号　邮政编码：100029）

*

北京市艺辉印刷有限公司印刷装订　新华书店经销

787 毫米 ×1092 毫米　16 开本　10.25 印张　178 千字

2020 年 3 月第 3 版　2022 年12月第 3 次印刷

定价：21.00 元

营销中心电话：400-606-6496

出版社网址：http://www.class.com.cn

http://jg.class.com.cn

前言

PREFACE

全国中等职业学校商务文秘专业教材自出版以来，在学校教学中发挥了重要作用。近年来，随着秘书行业的发展变化，企业对从业人员的知识水平和职业能力提出了更高的要求。为适应这一变化，满足学校培养人才的需求，我们组织一批教学经验丰富、实践能力强的教师与行业、企业专家，在充分调研的基础上，对现有教材进行了修订。

本次教材修订工作的重点主要体现在以下几个方面：

◆更新教材内容。根据近年来秘书工作领域的变化，在相关教材中，调整、更新了关于档案管理、办公设备使用、会计统计应用等内容；补充了与时代发展紧密相关的秘书工作案例；完善了秘书应用写作、口语交际训练等工作流程，使得教材内容更加具有前瞻性，符合时代发展特点。

◆强化职业技能和职业素质培养。教材进一步加大技能训练的比重，在涉及到文书管理、档案管理、实务管理等主要秘书工作技能的教材中，更多地加入实践题例和操作指导，方便教师开展一体化教学。同时，将与秘书行业相关的职业道德、职业操守等内容融入到教学知识、课堂问答、课后训练等环节，以加强对学生职业素质的培养。

◆提升教材表现力。通过设置案例分析、知识链接、能力提示等不同栏目，增加教材的亲和力，激发学生的学习兴趣。同时，尽可能多地以图表代替冗长的文字叙述，使教材更加生动，易于学习。

◆加强立体化资源建设。习题册修订和教材修订同步进行，同时补充开发配套的电子课件。习题册答案及电子课件可登录技工教育网（jg.class.com.cn），搜索相应的书目，在相关资源中下载。

本套教材的编写得到了有关学校的大力支持，教材的编审人员做了大量的工作，在此，我们表示衷心的感谢！同时，恳切希望广大读者对教材提出宝贵的意见和建议。

人力资源社会保障部教材办公室

目 录
CONTENTS

第一章 组织管理

学习目标

- 了解企业的含义和类型
- 了解典型的企业组织结构形式，了解其优点和缺点
- 了解企业组织设计原则，掌握企业组织部门设计方法

在企业的生产经营过程中，组织好企业活动，对人、财、物、时间、空间和信息进行合理配置是首要工作。这需要科学地理解企业和企业组织的含义，充分掌握企业组织设计的原则和方法，合理地设计企业组织结构。

第一节 企业与企业组织

一、企业的含义

企业是指从事生产、流通、服务等经济活动，以生产或服务满足社会需要，以营利为目的，实行自主经营、独立核算、自负盈亏并依法或依规设立的经济组织。

从社会经济系统的角度来看，企业是一个资源转换体，它的功能是将各种社会资源转换为有用的商品或服务，以满足社会的需要，如图 1-1 所示。

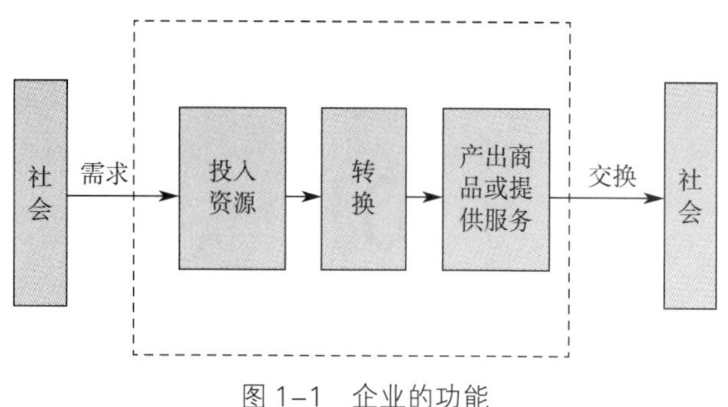

图 1–1　企业的功能

二、企业的类型

现代经济十分复杂，所以，作为基本经济单位的企业有很多类型，常见的企业类型见表 1–1。

表 1–1　常见的企业类型

分类标准	企业类型
所属的行业和部门	工业企业、农业企业、运输企业、商业企业、金融企业等
生产规模	特大型企业、大型企业、中型企业、小型企业和微型企业
生产要素所占的比重	劳动密集型企业、资金密集型企业和知识密集型企业
企业的组织结构形式或生产的社会化组织程度	单厂企业、多厂企业、经济联合体、企业集团等
企业财产的组织形式及业主所承担的法律责任	个体工商户、个人独资企业、合伙企业、公司制企业等

其中，依据企业财产的组织形式及业主所承担的法律责任划分企业类型是一种比较常见而且重要的企业分类方式，按该方式划分的企业类型主要有以下几种：

1. 个体工商户

个体工商户是指有经营能力并按照《个体工商户条例》的规定，经工商行政管理部门登记，从事工商业经营的自然人或家庭。

工商行政管理部门和县级以上人民政府其他有关部门应当依法对个体工商户实行监督和管理。个体工商户应当于每年上半年向登记机关报送年度报告。

2. 个人独资企业

个人独资企业是指由个人投资，依照《中华人民共和国个人独资企业法》兴办的企业。个人独资企业一般由投资者直接经营和管理，投资者享有企业全部利润，对企业债务承担无限责任。

个人独资企业主要存在于零售业、手工业、农业、服务业等，如零售商店、小工厂等。个人独资企业规模小，内部结构简单，经营方式灵活，决策迅速，产权清晰，业主享有企业的全部经营所得，同时对企业债务负有完全责任。但因其财力有限，所以难以组织大规模的经营活动，承受市场冲击的能力较弱。

3. 合伙企业

合伙企业是指由两个或两个以上的自然人、法人和其他组织出资，依照《中华人民共和国合伙企业法》兴办、联合经营和管理的企业，如律师事务所、会计师事务所、诊疗所等。企业的合伙人按照契约分享企业利润，普通合伙人对企业债务承担无限连带责任，有限合伙人以其认缴的出资额为限对企业债务承担责任。合伙人共同出资，扩大了资金来源；合伙人共同承担企业责任，分散了投资风险；合伙人共同管理和经营企业，有助于提高企业决策能力。

4. 公司制企业

公司制企业是指由投资者依照《中华人民共和国公司法》设立，以营利为目的，具有法人资格的企业。公司制企业的投资者按其投资额或持有的公司股份分享企业利润并承担企业责任。公司制企业主要有以下两种形式：

（1）有限责任公司

有限责任公司是指由50个以下股东出资设立，股东只承担有限责任的法人企业。其基本特征如下：

1）公司股东以其认缴的出资额为限，对公司承担责任，公司以其全部财产对公司债务承担责任。

2）公司不对外发行股票，股东的出资额不要求等额。

3）公司的股份若要向股东以外的人转让，必须经其他股东过半数同意，并且在同等条件下应优先转让给公司其他股东。

4）公司股东人数较少，而且股东人数有上限。

（2）股份有限公司

股份有限公司是指全部注册资本由等额股份构成，并通过发行股票筹集资本，公司以其全部资产对其债务承担责任的法人企业。其基本特征如下：

1）公司全部资本分为等额股份，股份以股票形式公开发行并可依法转让。股份是股份有限公司最重要的条件之一。

2）公司股东以其认购的股份对公司承担责任，公司以其全部财产对公司债务承担责任。

3）股东人数没有上限，但不得少于2人。

4）公司的财务会计报告必须公开，以供众多的股东和债权人查询。

三、组织与企业组织

1. 组织的含义和职能

组织是指特定的群体为了共同的目标形成的有意识协调运行的结合体，它按照特定原则进行结构设计，能够使相关资源有机结合。

组织的职能包括：合理确定实现组织目标所需要的活动，并按类别或者性质设立相应的工作岗位；设计适应组织目标的组织结构；规定组织关系，明确权力结构；制定组织规章制度。

2. 企业组织的含义

企业组织的含义有广义和狭义之分。

广义上的企业组织是指企业员工为了实现共同目标、任务而形成的契约制整体，它通过建立企业规章制度，确定职位、职责和职权，协调相互关系，合理传递信息，从而将生产经营各要素有机联结起来。

狭义上的企业组织主要是指对企业人员的组织，包括对职位、职责、职权、职务关系等进行的组织。

知识窗

从名言中看组织的重要性

为了使人们能为实现目标而有效地工作，就必须设计和维持一种职务结构，这就是组织管理职能的目的。

——哈罗德·孔茨（美国著名管理学家）

若拿走我的财产，但留给我这个组织，五年之内，我就会卷土重来。

——阿尔弗雷德·斯隆（通用汽车公司前总裁）

第二节 企业组织结构

企业组织结构是指企业组织内各个部门的空间位置、排列顺序、联结形式以及各要素之间相互关系的一种模式。合理的企业组织结构是完成企业任务、实现企业目标的组织保证。

在企业组织发展的过程中，具有典型意义的企业组织结构形式主要有以下五种：

一、直线制企业组织结构

直线制企业组织结构是最简单的企业组织结构形式。在这种企业组织结构形式中，企业组织的各级职位按照直线排列，形成垂直系统，各级主管对自己的下级拥有直接的一切职权，职权和命令自上而下直线纵向贯穿于企业组织之中，如图 1–2 所示。

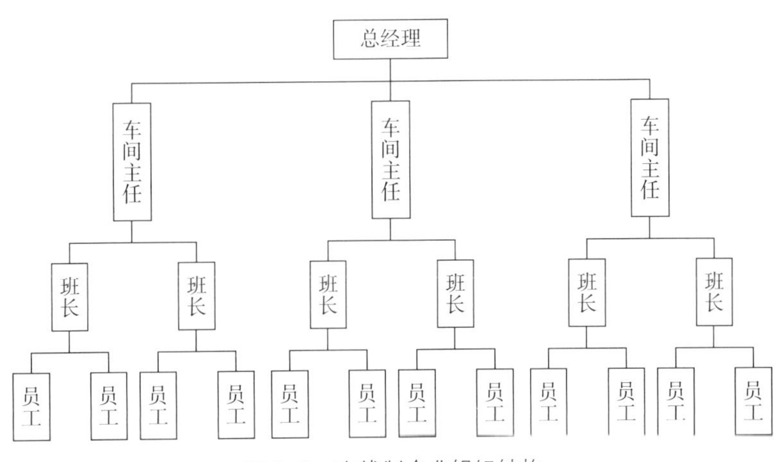

图 1–2 直线制企业组织结构

这种组织结构的优点是结构简单，权责明确，领导从属关系简单，命令与指挥统一，上呈下达准确，解决问题迅速。它的缺点是由于结构简单，没有职能部门，所以最高主管要事必躬亲，对领导的能力要求较高。

这种组织结构仅适用于规模小、生产技术比较简单的企业，如个人独资企业、合伙企业、创业初期的企业等。

二、职能制企业组织结构

职能制企业组织结构是指根据职能划分部门，并由此建立企业组织领导和指挥关系的企业组织结构，如图 1–3 所示。

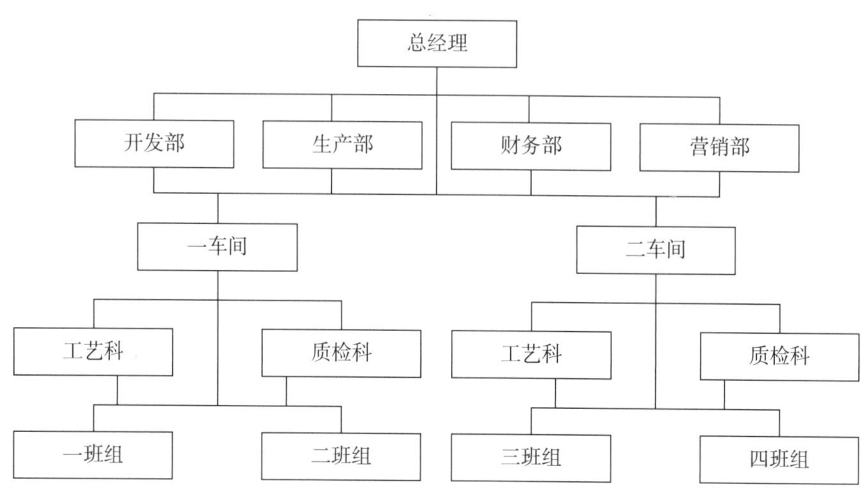

图 1–3　职能制企业组织结构

这种组织结构的优点是促进了管理的专业化分工，解决了管理人员的素质能力与管理任务不相适应的矛盾，使决策者从日常烦琐的业务中解脱出来，能够集中精力思考重大问题，从而提高管理效率。它的缺点是存在直线部门和参谋部门相互争权、职能系统和直线系统职权不清、参谋部门职权越位的可能性；同时，这种组织结构也使下级单位缺乏必要的自主性。

这种组织结构主要适用于处于成长过程中、具有一定规模的企业，如公司制企业等。

三、直线职能制企业组织结构

直线职能制企业组织结构是指将直线制结构和职能制结构结合起来，以直线制结构为基础，在各级负责人之下设置相应的职能部门，分别从事专业管理，作为该领导的参谋，实行统一指挥与职能部门参谋、指导相结合的企业组织结构，如图 1–4 所示。

这种组织结构的优点是把直线制结构和职能制结构的优点结合起来，既能保持统一指挥，又能发挥参谋人员的作用，分工精细，责任清楚，组织稳定性较高，因而应用较普遍。它的缺点是部门间沟通少，信息传递路线长，矛盾较多，主管的协调工作量大，不容易从组织内部培养全局性管理人才。

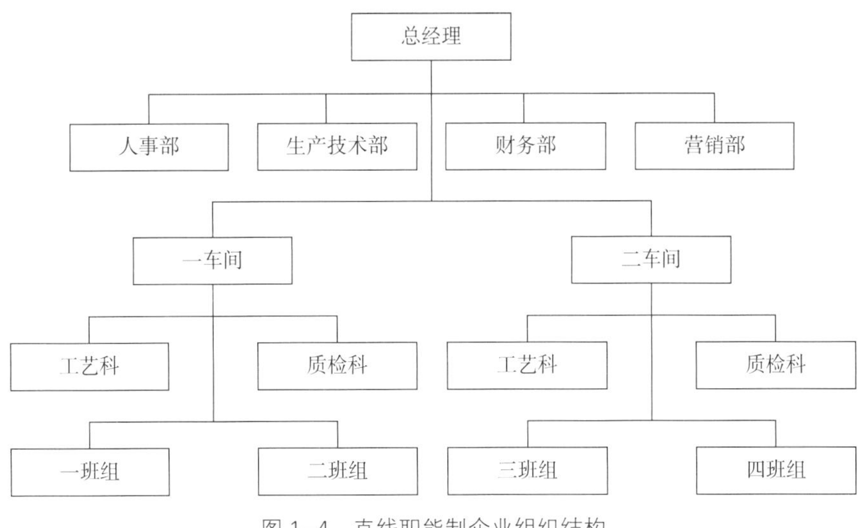

图 1–4 直线职能制企业组织结构

这种组织结构应用极广，我国大多数中小型企业以及机关和事业单位都采用直线职能制组织结构。

四、事业部制企业组织结构

事业部制企业组织结构是指以企业组织的产品、地域或服务对象等为基础，把企业组织划分为若干事业部而形成的企业组织结构，如图 1–5 所示。事业部制企业组织结构是一种分权制的企业组织结构形式，它所划分的事业部拥有很大的权力，企业组织的最高领导除保留战略规划、人事管理、财务控制、企业组织监督等权力以外，把很多的权力下放到事业部。事业部由事业部部长负责，进行独立的业务活动和独立核算，并设有自己的职能部门。因此，事业部是企业组织最高权力机构下设置的具有半独立性质的经营管理单位。

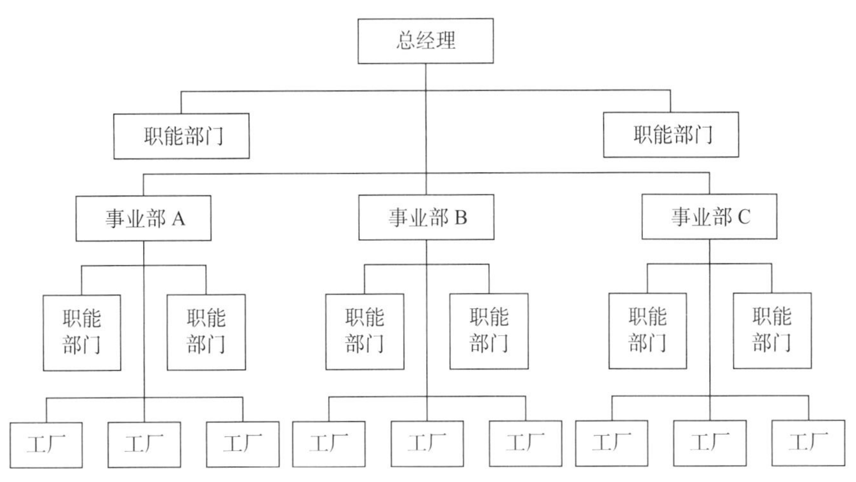

图 1–5 事业部制企业组织结构

这种组织结构的优点是可以使最高管理部门摆脱日常的行政事务，专注于企业组织的战略问题和决策；可以使事业部具有很大的自主性，有利于其主动性和积极性的发挥，有利于企业组织的专业化运行。它的缺点是可能造成企业组织整体性弱化、事业部本位主义增强、管理部门增加、机构设置重复等问题。

这种组织结构主要适用于处于成长过程中、具有一定规模的企业组织，如集团公司等。

案例·实践

松下电器公司的企业组织结构

松下电器公司是世界上最大的电器企业之一，它成功的一个重要因素就是其合理的企业组织结构。松下电器公司分级管理，分级核算，实行事业部制。公司的经营管理分为两级，即总公司一级，事业部一级。总公司设有最高领导层与一套健全的职能机构。总公司按照产品设立事业部，事业部部长对事业部的经营管理全面负责，事业部也设有一套健全的职能机构。

事业部是一个独立核算、自负盈亏的经营单位，它能够充分发挥自身的积极性和主动性，发挥专业化的优势。但是，事业部独立后，比较容易脱离总公司的控制，各部门的合作也日益困难。因此，公司总裁松下幸之助通过集中四项功能来平衡分权：一是设立严格的财务制度，由财务主管直接向总裁报告财务状况；二是建立公司银行，将各部门的利润汇总于此，统筹管理；三是实行人事管理权的集中，管理人员的升迁要经过总公司的审核；四是采取集中训练制度，大力强化松下价值观。这样，公司将集权与分权相结合，并根据实际情况对其结合方式和程度进行调整，从而确保了松下的组织活力。

五、矩阵制企业组织结构

矩阵制企业组织结构是指由两套企业组织部门联合构成的双重企业组织结构，其中一套是在企业组织职能基础上形成的部门，另一套是在企业组织特定业务项目基础上形成的部门，这两套部门在企业组织中按纵、横两个方向设置，构成了矩阵状态，所以被称为矩阵制企业组织结构，如图 1–6 所示。

这种组织结构的优点是垂直纵向管理和水平横向管理结合在一起，加强了各部门之间的协作，增强了企业组织的灵活性和协调性；同时，它有利于专业人员优势

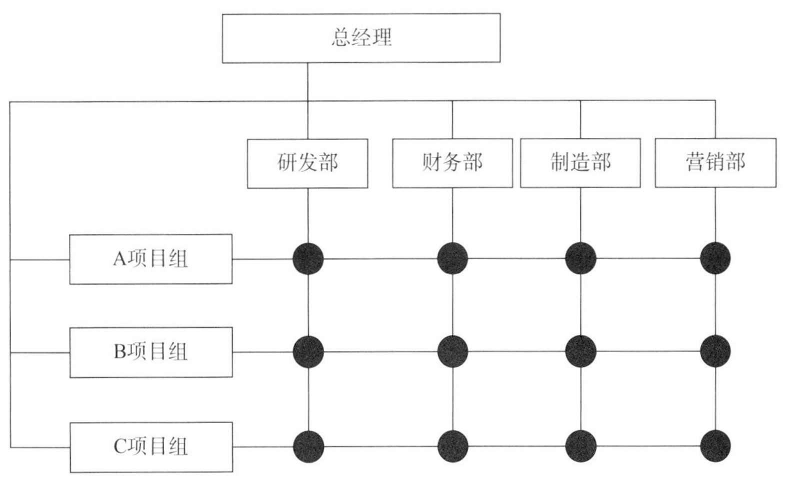

图 1-6　矩阵制企业组织结构

的发挥，有利于各种人才的培养。它的缺点是，由于具有较高的灵活性，因此在任务、部门界限、管理关系等方面可能会产生一定的混乱，造成工作中出现扯皮现象，发生较多矛盾；而当企业组织两个部门的意见和要求不一致时，受这两个部门双重领导和指挥的工作人员也会无所适从。

这种组织结构适用于环境多变、创新性强，工作任务需要多种技术的组织，包括承担大型、复杂项目任务的企业，或同时承担多个项目任务的企业，或承担攻关项目、科研项目、创新项目任务的企业，如航天航空企业、工程建设企业等。

通用汽车公司的组织结构创新

1920—1921 年美国经济危机期间，由于在经营管理上存在一系列问题，通用汽车公司危机四伏，摇摇欲坠。这时，公司副总裁阿尔弗雷德·斯隆开始了改革的进程。这场改革从 1921 年开始，一直持续了 10 年。

斯隆分析了通用汽车公司的弊病，指出公司过去将领导权完全集中在少数高级领导人身上，他们事无巨细，大包大揽，反而事与愿违，造成了公司各部门失去控制的局面。他认为，大公司较为完善的组织管理体制应以集中管理与分散经营两者之间的协调为基础。只有在这两种相互冲突的管理之间取得平衡，把两者的优点结合起来，才能获得最好的效果。由此他认为，通用汽车公司应采取“分散经营，协调控制”的组织体制。根据这一思想，斯隆提出了改造通用汽车公司组织机构的计划，并第一次提出了事业部制的概念。

1921 年，这个计划开始在通用汽车公司推行。

斯隆在以后的 10 年中改组了通用汽车公司。斯隆将管理部门分成参谋部和前线工作部，前者是在总部进行工作，后者负责各个方面的经营活动。早在 19 世纪，这种方式在较大的铁路公司里就已经成形。现代军队，特别是普鲁士军队率先采用了这种组织形式，许多相关的理念同时在工业企业里获得发展。斯隆也确实用过军事方面的例子来说明他要在通用汽车公司里干什么。

斯隆在通用汽车公司创造了一个多部门的结构。他废除了以前设立的许多附属机构，将力量最强的汽车制造单位集中成几个部门。多年后，斯隆说："我们的产品品种是有缺陷的。通用汽车公司生产一系列不同的汽车，聪明的办法是造出价格尽可能不同的汽车，就好像一个指挥战役的将军希望在可能遭到进攻的每个地方都要有一支军队一样。我们的车在一些地方太多，而在另一些地方却没有。首先要做的事情是开发系列产品，在竞争出现的各个阵地上应对挑战。"

斯隆认为，通用汽车公司出产的车应从凯迪拉克牌往下安排到别克牌、奥克兰牌，最后到雪佛兰牌，这是 20 世纪 20 年代早期的产品阵容。公司在 1925 年增加了庞蒂亚克牌，以填补雪佛兰牌和奥尔兹莫比尔牌中间的缺口；奥克兰牌被淘汰，增加了拉萨尔牌，后来它也被淘汰了。

每个不同品牌的汽车组成了一个事业部，每个事业部都有自己专门的管理人员，各事业部的总经理相互之间不得不进行合作和竞争。这意味着生产别克牌汽车的事业部与生产奥尔兹莫比尔牌汽车的事业部都要生产零件，但他们的价格和式样有重叠之处。这样，许多买别克牌汽车的顾客可能对奥尔兹莫比尔牌汽车也感兴趣，反之亦然。斯隆希望在保证竞争的同时，也享有规模经济的成果。斯隆还注重激发下属子公司的活力，零件、卡车、金融和通用汽车公司的其他子公司都有较大程度的自主权，其领导人成功则获奖赏，失败则让位。通用汽车公司后来成为一架巨大的机器，但斯隆确实使它保持了较小公司所具有的激情和活力。

斯隆的战略及其实施产生了效果。1921 年，通用汽车公司生产了 21.5 万辆汽车，占美国国内市场销量的 7%。到 1926 年年底，通用汽车公司小汽车和卡车的产量增加到 120 万辆，占有 40% 以上的汽车市场。1940 年，该公司生产汽车 180 万辆，占国内市场销量的一半。相反，福特公司 1921 年的市场份额是 56%，而 1940 年是 19%，不仅远远落后于通用汽车公司，而且落后于克莱斯勒公司，位居第三。这是美国商业史上最戏剧性的事件之一。

第三节　企业组织设计

企业组织设计是指企业组织管理者为实现企业组织目标而对企业组织活动和企业组织结构进行设计的活动。

一、企业组织设计原则

1. 统一指挥原则

企业组织系统里的每个人只对一个上级领导负责，在指挥与命令上严格实行“一元化”。每个人只接受一个上级的命令，上下级之间上传下达都要按层次进行，不得越级。

2. 有效管理幅度原则

高层从事的是决策性的工作，管理幅度要小一些；基层从事的是日常的、重复的工作，管理幅度要大一些。技术性强的工作岗位，管理幅度要小一些；工作简单、技术性不强的工作岗位，管理幅度要大一些。职能机构健全，管理幅度要大一些；反之，管理幅度要小一些。

根据我国企业经营管理的实际情况，企业组织一般有高层、中层（车间、职能部门）、基层三个层次，大型企业可设四个层次，小型企业可设两个层次。在管理幅度方面，一般层次越高幅度越小。目前，我国大多数企业的管理幅度是：高层为5～8人，中层为8～15人，基层为15人以上。

知识窗

管理幅度和管理层次

管理幅度是指一位管理者直接有效管理和控制的下属人员或机构的数量，它体现了管理者直接控制协调的业务活动量。当管理幅度超过限度时，管理的效果和效率就会降低。如图1-7所示，甲的管理幅度为3，乙的管理幅度为5，丙的管理幅度为7，丁的管理幅度为8。

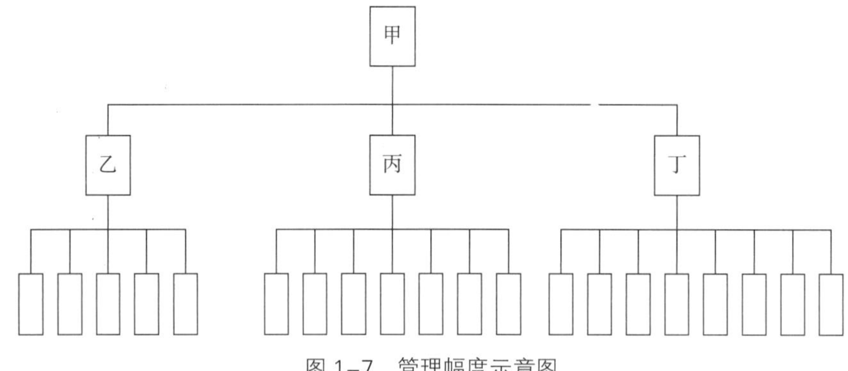

图 1-7　管理幅度示意图

管理层次是指企业组织纵向结构的等级，它体现着企业组织的纵向分工和各个等级层次不同的管理职能。管理层次和管理幅度呈反向变动关系，即幅度大层次就少，幅度小层次就多。图 1-2 中，管理层次为 4 层；而图 1-7 中，管理层次为 3 层。

3. 分工专业化原则

现代企业的组织结构必须按照分工专业化的原则建立，即将企业的生产经营活动适当地分类与分配，以确定各个部门和成员的业务活动种类、范围和职责。

4. 责权对等原则

企业组织管理的一项任务就是必须明确规定每一个管理者应负的职责，同时，又要相应地赋予其一定的权力。职责与权力必须统一，做到有职有权、责权对等。

5. 精简与效率原则

精简与效率是组织管理的重要原则。组织部门和岗位的设置要力求精简，要因事设职，因职设人。精简才能有高效率，才能节约管理费用。

6. 集权和分权相结合的原则

现代企业组织设计应该遵循集权和分权相结合的原则。集权是把较多的和较重要的经营管理权责集中于企业高层组织或领导，分权是把较多的和较重要的经营管理权责分散下放到企业的中下层组织或员工中去。

该集中的权力要集中，该分散的权力要充分放权，使各级管理层次的人员在规定的职责范围之内，能根据实际情况迅速而正确地做出决策。这不仅有利于高层领导摆脱日常事务，集中精力处理重大经营问题，而且有利于调动下级人员的主动性和积极性。

二、影响企业组织设计的因素

1. 组织环境

组织环境一般包括政治、经济、文化和社会环境，也包括组织所处的具体的竞争环境，包括竞争对手、顾客、资金、经销商、供应商等要素。组织环境的不确定性是影响组织设计的重要因素。

一般来说，组织环境简单稳定，组织结构设计就比较固定，部门较少，以规章制度为中心，此即刚性结构；组织环境复杂多变，组织结构设计就比较灵活，部门较多，以人为中心，注重团队合作，此即柔性结构。

2. 组织战略

为实现组织目标，组织设计必须服从组织战略需要。组织战略对组织设计具有两方面的影响：一是不同的组织战略决定了不同的组织任务和职能，二是组织战略的变化及调整会引起组织部门、职位及其相互关系的变化。

3. 技术

技术对于组织设计具有重要的影响，不同的技术水平和设备对组织活动内容的划分、部门的设立、职能的设计、职务的设置以及各部门之间的关系具有不同的要求。

4. 组织发展阶段

组织发展一般分为五个阶段，即创业阶段、职能扩展阶段、分权阶段、参谋职能激增阶段、协调和规范阶段。在组织发展的不同阶段，组织设计的要求有所不同。在创业阶段，组织规模较小，任务职能比较单一，组织结构比较简单；在职能扩展阶段，组织职能逐步复杂化，组织结构逐步专业化；在分权阶段，组织已经达到相当规模，组织职能较复杂，组织结构呈现正规化；在参谋职能激增阶段，组织职能、职位进一步复杂化，对组织设计提出新的要求；在协调和规范阶段，面对组织复杂化的问题，管理者要对组织进行再设计。

三、企业组织部门设计的方法

企业组织部门是承担具体和专门性企业组织职能的单位。企业组织部门设计主要是确定和划分企业组织的不同部门，并确定这些部门之间的关系。可以根据企业组织任务和职能实现的实际需要，确定不同的企业组织部门设计方法。常见的企业组织部门设计方法如下：

1. 按照职能设计企业组织部门

按照职能设计企业组织部门是指按照业务性质或内容相同（或相似）的职能设计企业组织部门，如企业的供应、生产、销售、财务、后勤等部门。

2. 按照区域设计企业组织部门

按照区域设计企业组织部门是指以企业组织活动的特定区域作为设计企业组织部门的依据，由一个部门负责某一区域范围内的全部活动。该方法一般用于企业组织活动空间比较开阔，区域性活动比较重要的情况。例如，针对企业市场营销工作，设立华北、东北、华中、西北、西南等部门。

3. 按照行业或产品设计企业组织部门

按照行业或产品设计企业组织部门是指把某种行业或产品的相关活动集中在一起设立相应的部门。例如，家电企业设立空调部、彩电部、洗衣机部、微波炉部、电冰箱部等部门。这种设计方法的优点是有利于集中专业技术力量和专业技术设备，有利于提高和发展特定产品；缺点是按行业划分会形成和助长行业的独立性，造成企业组织协调的困难。

4. 按照服务对象设计企业组织部门

按照服务对象设计企业组织部门是指以企业组织活动的服务对象为依据划分和设计企业组织部门，如儿童用品部、妇女用品部、老年人用品部等部门。

5. 按照特定企业组织的重要性设计企业组织部门

不同部门对于实现企业组织总体目标的重要性不同，因此可以按照这种重要性的差异设计企业组织部门。例如，企业组织可以分为成果性业务部门、支持性部门、管理性部门等。

某生产型企业内部组织结构及各部门职责

一个典型的生产型企业组织结构如图 1-8 所示。企业的董事会下设总经理职位，统辖市场部、采购供应部、生产部、研发部、财务部五个基本部门。这个组织结构涵盖了企业从生产到运营的整个环节及相关的管理部门。不同类型的企业，其内部组织结构不尽相同，各部门职责也不一样。下面以某有限责任公司（生产型企业）

为例，介绍企业内部主要部门及其职责。

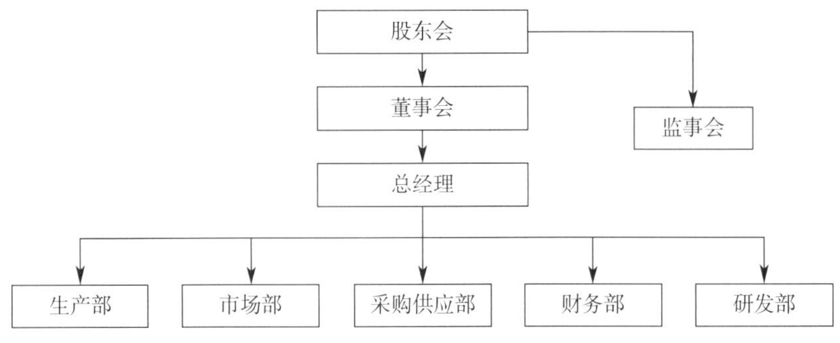

图 1-8 典型的生产型企业组织结构

1. 董事会职责

（1）召集股东会，执行股东会决议并向股东会报告工作。

（2）决定公司的生产经营计划和投资方案。

（3）决定公司内部管理机构的设置。

（4）批准公司的基本管理制度。

（5）听取总经理的工作报告并做出决议。

（6）制定公司年度财务预算和决算方案、利润分配方案、弥补亏损方案。

（7）对公司增加或减少注册资本、分立、合并、终止和清算等重大事项提出方案。

（8）聘任或解聘公司总经理、副总经理、总工程师、总会计师，并决定其奖惩。

2. 总经理职责

（1）主持公司的生产经营管理工作，并向董事会报告工作。

（2）组织实施董事会决议、公司年度计划和投资方案。

（3）拟订公司内部管理机构设置方案。

（4）拟订公司的基本管理制度。

（5）制定公司的具体规章制度。

（6）提请董事会聘任或者解聘公司副总经理、总工程师、总会计师。

（7）聘任或者解聘除应由董事会聘任或者解聘以外的管理人员。

（8）拟订公司职工的工资、福利、奖惩制度，决定公司职工的聘用和解聘。

（9）提议召开董事会临时会议。

（10）在董事会授权范围内决定单项金额不超过公司最近经审计的净资产值的2%且不超过500万元（董事会特别授权的除外）的投资方案，代表公司处理业务和签署经济合同。

3. 生产部职责

（1）认真执行主管领导的工作指令，坚决服从指挥。

（2）制定、检查、监督、控制及执行生产、设备、安全、环保等制度。

（3）编制年度、季度、月度生产计划，并及时组织实施、检查、协调、考核。

（4）设计工厂的改造计划，设计工厂的车间布局和工序间的协调机制。

（5）密切配合市场部门，确保产品购销合同的履行。

（6）配合审定技术管理标准，编制生产工艺流程标准，审核新产品开发方案，并组织试生产，不断提高产品的市场竞争力。

（7）抓好安全生产教育，加强安全生产的控制、实施，严格执行安全法规、生产操作规程，及时监督检查，确保安全生产，杜绝重大火灾、设备、人身伤亡事故。

（8）组织生产现场管理工作，重视环境保护工作，抓好劳动防护管理和制订环保工作计划。

（9）及时编制上一年度、季度、月度生产统计报表。认真做好生产统计核算基础管理工作，重视原始记录、台账、统计报表管理工作，确保统计核算规范化及统计数据的正确性。

（10）做好生产统计分析报告有关工作。定期进行生产统计分析，召开生产活动分析报告会，总结经验，找出存在的问题，提出改进工作的意见和建议，为公司领导决策提供专题分析报告或综合分析资料。

（11）做好生产设备、计量器具的维护与检修工作。结合生产任务，合理安排生产设备、计量器具的维护与检修计划，确保设备器具维护与检修所需的正常时间。

（12）做好生产调度管理工作。强化调度管理，严肃调度纪律，提高调度人员生产专业知识水平和业务管理水平，平衡综合生产能力，合理安排生产作业时间，平衡用电，节约能源。

（13）抓好生产管理人员的专业培训工作。负责组织生产调度员、设备管理员、统计员、计划员及车间级管理人员的业务指导和培训工作，并对其业务水平和工作能力定期检查、考核、评比。

（14）拟订本部门目标、工作计划，并组织实施、检查、监督及控制。

4. 市场部职责

（1）制订年度营销目标计划。

（2）建立和完善营销信息收集、处理、交流及保密体系。

（3）调查消费者购买心理和行为。

（4）收集、整理和分析竞争品牌产品的性能、价格、促销手段等信息。

（5）分析竞争品牌广告策略、竞争手段。

（6）做出销售预测，提出对未来市场的分析，提出工作发展方向和规划。

（7）制定产品企划策略。

（8）制定产品价格。

（9）制定新产品上市规划。

（10）制定市场营销统筹计划及各阶段实施目标。

（11）策划及组织促销活动。

（12）设计分销渠道，对渠道成员进行管理。

5. 采购供应部职责

（1）在副总经理的领导下，编制生产采购计划，完成月度、季度和年度采购计划，对未完成采购计划负责。

（2）按照采购控制程序，组织采购公司所产产品的原材料、辅料、包装材料（如纸箱、各种包装袋），积极了解材料的市场动态，按照生产计划，合理、科学地运用采购资金，保质、保量、按时入库，做好产品生产供给工作。

（3）会同技术设计部、质量检验部、生产计划调度部，评定供应商的质量管理体系运行情况、产品质量和生产能力。

（4）严格按流程执行采购并做到货比三家，控制并降低采购成本，对供应商进行管理及考评，每年按一定比例更新供应商（形成表单）。

（5）与供应商签订采购合同。

（6）编制产品材料消耗定额，协助财务部对产品成本进行控制和管理。

6. 财务部职责

（1）在总经理领导下，负责公司财务管理、会计核算等事务。

（2）严格执行《会计法》，遵守财务制度，组织财务人员准确、熟练地掌握财务工作各个环节的知识和技能，全面提高服务质量。

（3）负责公司对外经营、对内服务中使用票据的报销以及票据合法性、合理性和规范性的审核，监督公司各部门正确贯彻执行国家财经政策，遵守财经纪律。

（4）负责公司经费对上请领、内部调拨及经费的收付工作。

（5）定期对公司各部门的收支情况进行分析，及时向总经理汇报资金运转情况。

（6）参与公司各部门经营管理规划和决策，参与重要的生产经营会议，参与审核、审查重要经济活动。

（7）根据公司财力和发展规划编制公司财务预算报表和决算报表。

（8）做好财务安全工作，杜绝各类事故的发生。

7. 研发部职责

（1）制订产品开发计划。

（2）制定产品开发标准。

（3）监督产品开发计划的实施。

（4）监督产品开发标准的实施。

（5）管理研发人员的工作分配。

（6）制订研发人员的培训计划。

（7）组织研发成果的鉴定和评审。

（8）分析总结研发过程中的经验和教训。

思考与练习

一、名词解释

1. 企业

2. 公司制企业

3. 直线制企业组织结构

4. 事业部制企业组织结构

二、简答题

1. 简述个人独资企业、合伙企业和公司制企业的含义和特点。

2. 试对直线制、职能制、直线职能制企业组织结构的优点和缺点进行比较。

三、案例分析

联想公司组织结构的变化

第一阶段：平底快船

“平底快船”是联想公司第一个发展阶段即创业初期的组织结构模式。联想刚成立时，除了20万元的资金、20平方米的房子、11个人之外，几乎是一无所有。这一时期联想的总体特点是产品少、人员少、资金少、经营额小。“平底快船”模式的特点就是组织结构简单，一个经理室、一个研发部门、一个业务部门、一个维修部门，人员一专多能，身兼数职。在经营方式上，一是以服务赚取资金投入科研，二是资金上实行小规模多滚动，快速反应，快速回笼。

第二阶段：大船结构

“大船结构”是联想第二个发展阶段的组织结构模式。联想此时的发展特点是人员增多，资金积累至上千万元，产品品种丰富，规模达上亿元。联想在此期间的主要任务是：在进军海外市场、建立全国市场网络的基础上，推出自有品牌的电脑及板卡，占领国内和国际市场。“大船结构”的主要特点是“集中指挥，分工协作”，具体包括以下五层内容：

1. 集中指挥，统一协调

联想围绕开发、生产、经营三大主体，设置了一套决策系统、一套服务系统、一个供货渠道和一个财务部门，实行人员统一调动、资金统一管理。

2. 各“船舱”实行经济承包合同制

联想从 1998 年起就按工作性质划分了各专业部，实行“船舱式”管理，任务明确，流水作业，既有利于提高工作效率和质量，也有利于实现按劳分配，调动员工的积极性，体现员工主人翁地位。

3. 逐步实现制度化管理

从 1998 年起，联想开始完善各种企业管理制度，着重实施规范化企业管理，为创建大规模外向型企业做好准备。联想还实行制度化管理，使各“船舱”衔接起来，既有分工又有协作，既要提高各自的工作效率，又要顾全整体目标和利益。联想的制度化管理使企业有了强大的动力机制，与此同时，联想也建立起一套企业自我约束机制，以确保企业高速正常运转。

4. 实行集体领导

董事会下设总经理（总裁）室。总经理室有四名成员，两名在香港，两名在内地，采用统一指挥的方式，发挥领导班子的团结和表率作用。

5. 重视思想政治工作

联想实行总经理与员工对话制度，总经理与员工及时沟通思想，交流感情。联想高度重视员工的观念转变，注重思想认识上的统一，将思想政治工作渗透到科研、生产、经营、管理等各项工作中去，并将思想政治工作做到海外。联想关心员工思想成长和切身利益，对所有员工一视同仁，积极提高各种福利待遇，解决各种实际困难和问题。联想有意识地培养一支骨干队伍，注重发挥党组织的战斗堡垒作用。联想注重青年人才的培养，鼓励青年人发挥特长，而且竭尽全力去引导和帮助他们，并加以严格的纪律约束，促使他们迅速成长为德才兼备的新型科技人才。

第三阶段：舰队结构

“舰队结构”是联想第三个发展阶段的组织结构模式。这一时期联想的总体特点是企业资本逾10亿元，海内外互补性经营格局已经形成。这时，联想的“大船结构”已经不适应联想的发展。因此，联想决定成立微机事业部，把联想计算机的研发、采购、生产、销售、服务全部环节都统一进行管理，并制定了以市场为导向的战略，向事业部充分放权。从此，联想的组织结构也由“大船”转变为“舰队”，从而实现了生产力的又一次解放。联想在此期间的主要任务有两个：一是全面参与国际性竞争，确保自身的市场地位；二是为企业成为“百年老字号”创造基础条件，也就是要建立和发展新的管理机制。

在“舰队结构”下，联想在强调整体作战要求的同时，还加入了以人为本的个性尊重。“法治”和“人才”是“舰队结构”的两个核心要素。这些集中体现了联想管理思想的成熟。

联想的管理实践还说明了一点：引进管理经验不是照搬。许多企业照搬国际流行经验却不成功，问题就在于没有很好地把这些经验和本企业的实际情况相结合。因此，一个企业的组织结构不是一成不变的，而是随着社会的进步、企业的发展不断调整，以适应新的环境。只有这样，企业的组织结构才是良好的。

问题：

1. 在联想公司的组织结构改进过程中，最重要的是哪个阶段？试简单说明原因。

2. 试判断联想公司在各个时期采用的是哪种类型的组织结构，并说明原因。

part 02

第二章　采购管理

学习目标

- 了解采购的含义、分类及采购方式
- 了解采购管理的内容和原则
- 了解采购的基本流程
- 了解采购合同的内容及签订程序

企业生产离不开原材料或半成品，这就意味着企业生产离不开采购。采购是企业供、产、销链条上的一个重要环节。采购时间、数量、价格等因素都影响着企业的采购成本，因此，采购管理是对整个采购活动进行的计划、组织、指挥、协调和控制活动。做好采购管理不仅能保证企业生产经营活动的正常开展，而且能降低企业成本。

第一节　采购管理概述

一、采购的含义

采购是指采购人或采购实体基于生产、销售、消费等目的，购买商品或劳务的交易行为。采购也可以理解为：企业在一定的条件下从供应市场获取产品或服务作为企业资源，以保证企业生产经营活动正常开展的一项企业经营活动。例如，企业购买原材料或半成品进行加工，生产出成品，最终将成品销售于市场。

采购的对象既包括生产资料，又包括生活资料；采购的主体既包括企业，又包括事业单位、政府和个人。采购除了以购买方式占有物品之外，还可以通过租赁、借贷、交换等方式取得物品和劳务的使用权及所有权，从而达到满足需求的目的。例如，企业如果租赁办公楼、生产厂区等场所作为企业的资源，来进行生产经营活动，那么企业通过租赁方式获得企业资源也是一种采购。

采购的重要价值

某内燃机厂采购资金大约占该厂年销售额的60%。初步估算，目前该厂每年产值（销售额）为10亿元，采购资金为6亿元，净利润为6 000万元。

如果在原材料采购上将成本压缩10%，那么每年可以节省资金6 000万元。

该厂每年的利润也只有6 000万元，所以，只要能把采购费用降低10%，就可以使利润翻一番。由此可以看出，采购对于降低企业成本和提高资金效率有重要的作用。

二、采购的分类

1. 按采购价格分类

（1）招标采购

招标采购是指采购方事先提出采购的条件和要求，通过招标的方式邀请所有的或一定范围的潜在供应商参加投标，采购方再通过某种事先确定并公布的程序和标准从所有投标者中评选出中标供应商，并与之签订合同的一种采购活动。

（2）询价采购

询价采购是指由买卖双方直接讨价还价实现交易的一种采购活动。

（3）比价采购

比价采购是指在买方市场条件下，在选择两家以上供应商的基础上，由供应商公开报价，采购方通过比价选出合适的供应商的采购活动。

（4）议价采购

议价采购是指采购方与供应商谈判，讨价还价，谈定价格后决定购货的采购活动。

（5）定价采购

定价采购是指采购方凭市场经验对要采购的商品定好采购价格，再根据该价格进行采购的采购活动。

在实际采购中，很少是以一种方式单独进行的，企业通常是将几种方式结合起来进行采购。

2. 按采购主体分类

（1）私人采购

私人采购是指为满足家庭或个人的需要而进行的采购活动。

（2）团体采购

团体采购通常是指某些团体通过大批量地向供应商订购，以低于市场价格获得产品或服务的采购活动。

（3）企业采购

企业采购是指企业供应部门通过各种渠道，从外部购买生产经营所需产品的有组织的采购活动。

（4）政府采购

政府采购又称统一采购或公共采购，是指各级政府及其所属实体为了开展日常的政务活动，以及为公众提供社会公共产品和公共服务的需要，在政府财政部门的监督下，以法定的方式、方法和程序（按国际规范一般应以竞争性招标采购为主要方式），从国内外市场上为政府部门或其所属公共部门购买所需货物、工程和服务的采购活动。

3. 按采购技术分类

（1）传统采购

在传统采购模式中，一般每个月末企业各个单位（部门）将下个月的采购申请计划报到采购部门，采购部门将各个单位（部门）的采购申请计划汇总，形成一个统一采购计划，然后再找供应商订货。传统采购依据的是采购申请计划，以填充库存为目的，库存量越大，则资金积压越多。

（2）现代采购

现代采购就是用现代科学管理理论方法编制采购计划的采购活动。现代采购主要包括定量订货法采购、定期订货法采购、物料需求计划采购、准时化采购、供应链采购和电子商务采购等。

1）定量订货法采购。定量订货法采购是指预先确定一个订货点和一个订货批量，然后随时检查库存，当库存下降到订货点时，就发出订货指令，订货批量的大小每次相同，都等于规定的订货批量。

2）定期订货法采购。定期订货法采购是指预先确定一个订货周期和一个最高库存水准，然后以确定的订货周期，周期性检查库存，发出订货指令，每次订货量等于规定的最高库存水准与检查库存时实际库存量的差额。

3）物料需求计划采购。物料需求计划采购主要应用于生产企业。它是由企业采购人员用物料需求计划应用软件制订采购计划来进行采购的。

物料需求计划采购的原理是根据主生产计划、产品结构清单以及产品及其零部件的库存量，逐步计算出产品的各个零件、原材料合理的投产时间、投产数量，或者订货时间、订货数量，也就是制订出所有零件、原材料的生产计划和采购计划，然后按照这个计划进行采购。

4）准时化采购。准时化采购是一种完全以满足需求为依据的采购方法。采购方根据需要，对供应商下达订货指令，要求供应商在指定的时间将指定品种和数量的产品送到指定的地点。由于用户不需要设立库存，所以可以实现零库存生产。

5）供应链采购。供应链采购是一种供应链机制下的采购模式。供应链管理利用计算机网络技术全面规划供应链中的物流、信息流、资金流等，实行计划、组织、协调与控制，采用系统方法整合供应商、生产制造商、零售商的业务流程，提高成员企业的合作效率，使产品及服务以正确的数量、质量，在正确的时间、地点，以最佳的成本进行生产与销售。在供应链管理模式下，采购活动紧紧围绕用户需求发出订单，不仅可及时满足用户需求，而且可减少采购费用、降低采购成本。

6）电子商务采购。电子商务采购是在电子商务环境下的采购模式，如企业使用阿里巴巴网进行采购活动。在操作中，采购方在网上寻找供应商和所需品种，在网上洽谈贸易、订货，还可在网上支付货款，而供应商在网下送货。

三、采购方式

采购方式是采购主体获取资源、物品、工程、服务的途径、形式与方法。采购方式决定着企业能否有效地组织、控制各种资源，能否正常地生产和经营以及能否获得较多的利润，而采购方式的选择主要取决于企业制度、资源状况、环境状况、专业水准、资金情况等。

1. 按采购物品交割时间分类

（1）现货采购

现货采购是指采购方与供应商协商后，采取的即时交割的采购方式。现货采购具有即时交割、责任明确、无信誉风险、灵活方便、手续简单、易于组织管理等优点，但现货采购的依赖性较大，没有稳定的资源保证。

（2）远期合同采购

远期合同采购是指供需双方为稳定供需关系，实现商品购销而签订远期合同的采购方式。这一方式按合同约定的时间实现商品的供应和资金的结算，并通过法律以及供需双方的信誉与能力来保证预定交割的实现。它只有在具有良好的经济关系、法律保障以及企业具有一定信誉和能力的情况下才能得以实施。

（3）期货采购

期货可分为金融期货和商品期货，这里所说的是商品期货的采购。期货采购是指采购方在交易所买入标准化的、受法律约束的期货合约，承诺在未来的某时刻、某地点，按规定购入货物的采购方式。

2. 按采购权限分类

（1）集中采购

集中采购是指企业在核心管理层建立专门的采购机构，统一组织企业所需物品的采购方式。跨国企业的全球采购是集中采购的典型应用，企业以组建内部采购部门的方式来统一其分布于世界各地分支机构的采购业务，减少采购渠道，通过批量采购获得价格优惠。随着连锁店、特许经营和代工厂商的出现，集中采购更是体现了经营主体的权力、利益、意志、品质和制度，是经营主体赢得市场，控制节奏，保护产权、技术和商业秘密，提高效率，取得最大利益的战略和制度安排。因此，集中采购将成为未来企业采购的主要方式，具有很好的发展前景。

（2）分散采购

分散采购是指将企业或企业集团的采购权限分散到企业下属各单位（如子公司、分厂、车间或分店等），由各需求单位根据自身生产经营需要自行组织实施的采购方式。分散采购是集中采购的完善和补充，有利于采购环节与存货、供料等环节的协调配合，能适应不同地区市场环境变化，有利于增强基层工作责任心，使基层工作富有弹性和成效。它的缺点是容易出现交叉采购，成本和费用较高。

3. 按采购环节多少分类

（1）直接采购

直接采购是指采购方直接向产品制造企业采购的方式。目前，绝大多数企业均使用此类采购方式。

（2）间接采购

间接采购是指通过中间商实施采购的方式，也称委托采购或中介采购。

四、采购管理的内涵

采购管理不仅面向全体采购人员，而且面向企业中配合采购活动的协助部门，其任务是调动整个企业的资源，满足企业的物资供应，确保企业经营战略目标的实现。

1. 采购管理的内容

采购管理的目标是“用最低的成本提供高品质的物料，保证制造和生产的需要”，因此，采购管理的内容是采购计划制订、采购计划实施、采购评估的整个过程，采购管理的具体内容与过程如图 2–1 所示。

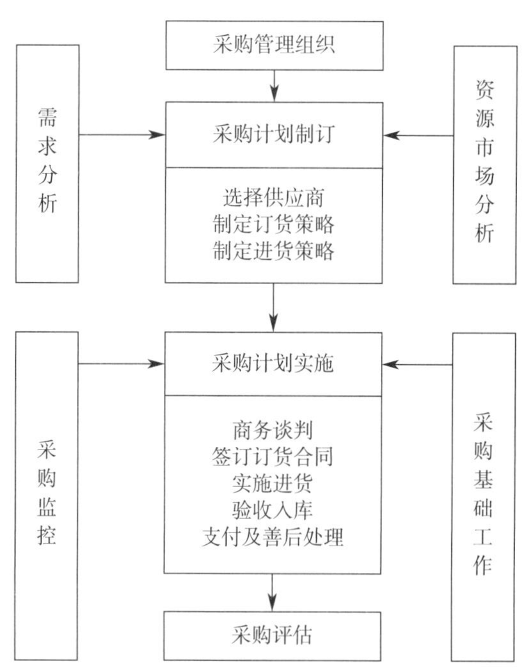

图 2–1　采购管理的具体内容与过程

（1）采购管理组织

采购管理组织是采购管理最基本的组成部分。采购管理组织包括：根据企业特点建立采购组织结构，制定采购组织的采购制度，分析影响采购组织的因素，建立采购组织内部培训机制等内容。

（2）需求分析

需求分析就是了解企业需要采购的品种、采购数量、采购时间等采购活动的详情，采购需求分析是为企业制订年度采购计划做好准备。

（3）资源市场分析

资源市场分析就是根据企业的采购需求分析资源市场的情况。资源市场分析的重点是分析供应商与商品品种，了解商品资源分布情况、供应商情况、品种质量情况、价格情况和交通运输情况等。

（4）采购计划制订

采购计划制订是指根据企业采购需求和供应商情况制订出切实可行的采购计划，包括供应商选择方案、订货策略、进货策略以及具体的实施进度计划等。

（5）采购计划实施

采购计划实施就是根据制订好的进度计划进行实施，并将各项任务分配到具体负责人。采购计划实施包括选择并评估供应商、与供应商谈判、签订合同、跟催与验收货物、办理入库、支付货款及善后处理等活动。

（6）采购评估

采购评估就是一次采购完成后对该次采购活动的总结评估，或按时间段进行评估，如月末、季末、年末进行评估。采购评估的内容包括：总结本次或本时间段采购活动的效果，总结经验，分析存在的问题及解决方法等。

（7）采购监控

采购监控是指对采购活动进行的监控活动，包括对采购人员、采购目标、采购方式、采购资金、采购信息管理及采购商品的监控等，目的是保证将合乎要求的采购活动纳入正常轨道，防止出现偏差。

（8）采购基础工作

采购基础工作是指企业为掌握科学采购知识、建立有效的采购系统而做的一些基础性建设工作，包括建立采购管理软件系统、制定采购策略、研究采购谈判技巧等。

2. 采购管理的原则

企业采购的最终目的是解决企业需求，在采购过程中既要降低企业采购成本，又要满足企业需求，使企业采购效益最大化，因而采购过程中应该围绕“价”“质”“时”“量”“地”5 个基本要素进行采购。

（1）适价

适价是指在满足数量、质量和时机的前提下支付最合理的价格。一个合适的价格要经过以下几个环节的努力才能获得，图 2-2 所示为确定适价的过程。

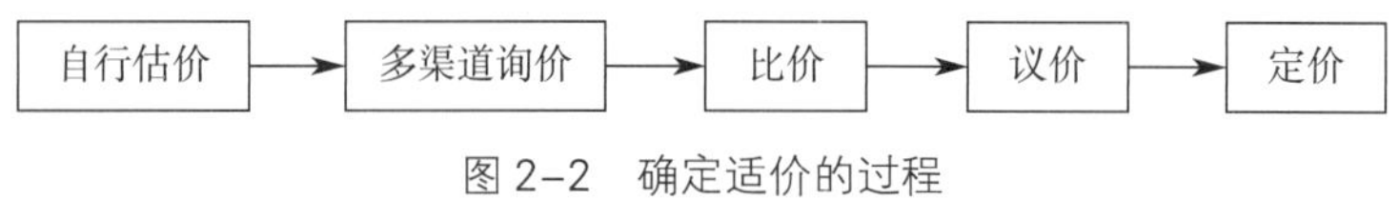

图 2-2　确定适价的过程

1）自行估价。企业成立估价小组，由采购人员、技术人员、成本会计人员等组成，估算出符合品质要求的、较为准确的底价。

2）多渠道询价。企业不仅可从现有供应商得到同类型产品的报价，也可从新供应商得到同类型产品的报价。总之，询价的渠道越多越好，这样可以进行对比优选。

3）比价。采购人员将不同供应商提供的价格进行比价时，必须考虑供应商提供的条件，不能只比价格，应将不同供应商报价中提供的条件转换一致后才能进行比价。

4）议价。采购人员选择两家以上待选供应商，在公平原则下进行交互议价。采购人员要有效运用采购谈判的议价技巧，争取最优价格及付款条款，降低企业成本。

5）定价。经过以上四个环节后，以买卖双方均可接受的价格作为日后的正式采购价。

（2）适质

适质是指采购物资的质量适当。唯有质量合格的原材料、零部件，才能生产出合格的产品。

（3）适时

适时是指采购时机不可过早，也不能过晚。采购应该与企业计划合拍，采购过早可能会造成仓库积压大量库存，从而占用采购资金；采购过晚又可能会影响企业生产进度，从而导致不能按时向客户交货。

（4）适量

适量是指采购的数量不宜过多或过少。

（5）适地

适地是指在适当的地方，选择适当的供应商进行采购。由于供应商的“群聚效应”，即供应商聚集在同一地域构成了良好的采购环境，采购方不仅可以货比三家，而且还可以节约采购成本。例如，在广州市每年召开两次中国进出口商品交易会，交易会汇聚了国内外的供应商，便于采购方进行选择。

第二节　采购流程

采购流程通常是指企业选择和购买生产所需要的各种原材料、零部件等物资的全过程。采购流程包括：企业内部提出采购需求，企业内部需求部门描述需求以便采购部门进行准确采购，采购部门选择并评估供应商，采购部门与供应商进行采购谈判，采购部门与供应商签订采购合同，采购部门进行商品跟催与稽核，验收货物合格后核对发票，对交货有误或需退货的进行处理，结案，采购后做好资料记录与档案维护。

采购的基本流程如图 2–3 所示。

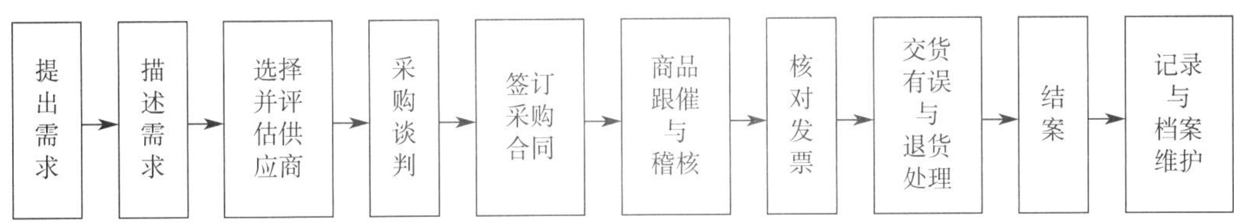

图 2–3　采购的基本流程

一、提出需求

任何采购都产生于企业中某个部门的确切需求，即需要什么、需要多少、什么时候需要等。企业确定采购需求的分析方法一般包括定期订购法、定量订购法、物料需求计划分析法、物资消耗定额分析法、大型促销活动专项法、市场需求预测法、统计分析法等方法。在企业确定需求后，一般由需求部门填写采购申请单并说明需求详细情况。常用的采购需求分析方法有定期订购法和定量订购法。

1. 定期订购法

定期订购法又称定时采购法或固定期间采购法，就是每隔一段固定时间进行库存盘点并订货，如每月、每季或每周订购一次。定期订购法的特点是采购周期固定，采购批量不固定。定期订购法的作业程序如图 2–4 所示。

（1）定期订购法的原理

从图 2–4 中可以看出，定期订购法的订购时间是根据订货周期 T 来确定的，每到一个订货周期就进行采购，而其采购批量是不固定的，采购批量的多少由当时实际库存量的大小决定，但采购批量不超出最高库存量。由此可见，定期订购法是按

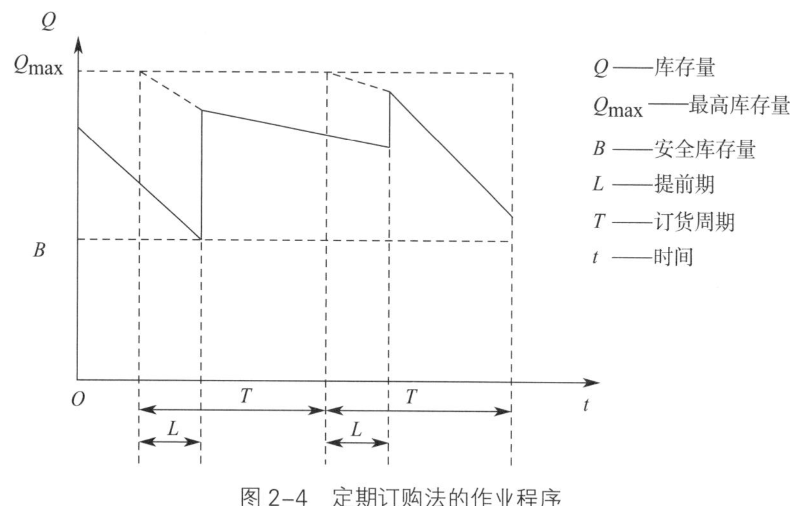

图 2-4　定期订购法的作业程序

预先确定的订货时间间隔进行订货、补货的采购方法，其中订货周期与订货量是定期订购法的关键因素。

（2）定期订购法的优、缺点

定期订购法的优点是：所有的商品采购时间固定，可以实现所有商品的合并采购，减少每次订货成本；库存管理的计划性强，有利于工作计划的安排。它的缺点是：每次采购的批量不固定，不能考虑到整体成本的因素，因而会造成运营成本较高；采购前必须进行严格的库存盘点，即每次订货都要检查储备量，并要计算出订货量。

（3）定期订购法的适用范围

定期订购法一般适合于需要严格管理的重要商品，即价格较高的商品。

2. 定量订购法

定量订购法又称固定数量采购法或采购点法，是指对库存连续盘点，一旦库存到预定的最低库存数量（采购点）时，立即按固定的订货数量订购补充的一种采购方法。定量订购法适合于品种少且占用资金大的商品。定量订购法的采购批量固定，采购时间不固定。定量订购法的作业程序如图 2-5 所示。

（1）定量订购法的原理

从图 2-5 中可以看出，当库存量 Q 下降到采购点（也称再订购点）R 时，定量订购系统会按预先确定的订货量发出商品订单，经过采购提前期（也称交纳周期）L 时间间隔后，收到数量为 D 的订货，则库存水平上升；随着生产经营的进行，库存又持续下降，下降到采购点 R 时再次进货，以此类推。综合来看，定量订购法的关键因素有三个：一是采购点，即确定库存量降到什么水平时应该下订单；二是订货批量；三是提前期，防止出现库存严重异常情况。

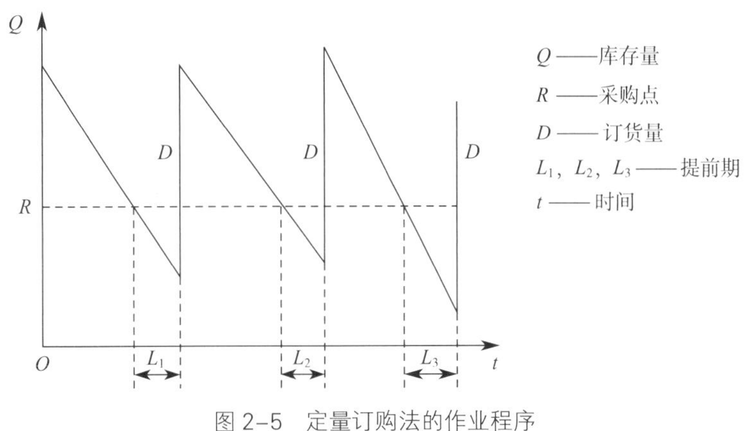

图 2-5 定量订购法的作业程序

知识窗

交纳周期

交纳周期即采购提前期，是指从确定一个请购要求起到完成该订货所用的时间，主要包括请购准备工作时间、订单下达给供应商所用时间、供应商执行订单时间、订购商品在途运输时间、商品办理入库时间等。

（2）定量订购法的优、缺点

定量订购法的优点是：容易掌握采购点，当库存消耗到采购点时，立即下订单；订货批量采用经济批量，可降低库存成本，提高经济效益。它的缺点是：要随时掌握库存动态，严格控制安全库存和采购点库存，占用人力和物力；订货时间不能预先确定，对于人员安排及计划工作不利。

（3）定量订购法的适用范围

定量订购法一般适合于订购单价低廉的商品、需要大量订购的商品、需求预测比较困难的商品、需求量比较稳定的商品。

二、描述需求

描述需求是指对所需要的商品及其数量等进行确认，即确认应当采购什么、采购多少、什么时候采购以及怎样采购等。准确描述需求是采购部门和需求部门等采购团体的共同责任，需要采购部门与需求部门进行有效交流，以避免因采购商品出错而导致企业供应中断，造成严重的后果。描述需求时，要求企业需求部门提出需求、需求部门领导审核签字、采购部门负责人审核签字，以对采购申请内容做出确认。

三、选择并评估供应商

供应商是指可以为企业生产提供原材料、设备、工具及其他资源的企业。供应商是影响企业生产运作系统的最直接外部因素，也是保证企业产品的质量、价格、交货期和服务的关键因素。选择供应商应从调查供应商开始，调查供应商的内容包括供应商的资质、实力及规模，供应商提供的产品品种、规格、技术参数、质量水平、价格，供应商的信用度和地理位置等。一般每种产品至少要选择 3 家供应商，以保证该产品的货源。

四、采购谈判

采购谈判是指企业为了获得满意的产品或原材料，与供应商对采购业务的有关事项，如产品的品种、数量、包装要求、价格、付款方式、运输方式等进行反复磋商，谋求达成协议，建立双方都满意的买卖关系。采购谈判的内容包括产品条件谈判、价格条件谈判、其他条件谈判。

五、签订采购合同

经过采购谈判达成一致后，买卖双方就可以签订采购合同。对于企业内部来说，签订采购合同就是向企业内部发出采购订单。

六、商品跟催与稽核

稽核是指依据采购合同规定，对采购的商品予以严格检验并办理入库。在采购部门与供应商签订采购合同后，采购部门必须做好商品跟催与稽核，以确保供应商能够及时履行其货物发运的承诺。如果产生质量或发运等方面的问题，采购方就需要对此尽早了解，以便及时采取相应的行动。商品跟催需要经常询问供应商的进度，对关键的、大额的和提前期较早的采购事项，有必要到供应商处走访。

七、核对发票

供应商交货经验收合格后，可随即开具发票。供应商要求付清货款时，采购部门要先核对发票的内容是否正确，然后财务部门才能办理付款手续。

八、交货有误与退货处理

对验收时发现品种、规格、型号、数量、包装等有误，或质量不合格的产品，采购部门要及时联系告知供应商进行处理，必要时办理退货手续，并通知财务部门。

九、结案

无论是对验收合格的商品进行付款，还是对验收不合格的商品进行退货，均须办理结案手续，清查各项书面资料有无缺失等，并报请高级管理人员或权责部门阅核批示。

十、记录与档案维护

凡经过结案批示的文件资料，均应列入档案登记，编号、分类后予以保管，并录入采购管理系统软件，以便查阅和调用。档案应具有一定保管期限。

案例·实践

采购岗位说明

1. 采购部经理职位说明

职位概要：制订、协调公司或所属部门的采购计划，达成公司所期望的产品种类、库存和利润目标。

工作内容：

（1）调查、分析、评估市场，确定采购需求和采购时机。

（2）制定和执行采购战略。

（3）根据产品的价格、分类和质量等因素，有效地管理特定物资计划和分配。

（4）发展、选择供应商，处理与供应商的关系。

（5）管理相关采购人员，确保采购的产品符合采购需求。

（6）改进采购的工作流程和标准，尽可能减少流通环节，以达到存货周转的目标。

（7）向管理层提供采购报告。

2. 采购工程师职位说明

职位概要：完成采购招标工作，收集采购产品的有关信息，为上级采购决策提供依据。

工作内容：

（1）主持采购招标工作。

（2）按照公司要求，考察、规范、管理供应商。

（3）实时掌握与采购产品有关的市场价格、技术信息，不断为公司推荐新产品、新技术。

（4）收集已采购产品的性能和质量信息，以便改进。

（5）协助采购部经理进行日常采购管理，汇编采购资料，撰写采购报告。

3. 采购专员职位说明

职位概要：执行单项采购计划，起草单项采购活动分析总结报告。

工作内容：

（1）收集、分析、汇总供应商的信息，考察评估供应商。

（2）编制单项采购计划并实施采购。

（3）签订和送审小额采购合同。

（4）协助采购部经理处理日常采购业务，完成采购订单的制作、确认工作，协调发货及跟踪到货日期。

（5）制作产品入库相关单据，积极配合库房保质、保量地完成所采购产品的入库工作。

（6）起草单项采购活动的分析总结报告。

（7）制作采购档案资料，录入采购信息。

（8）完成上级交办的其他工作。

第三节　采购合同

采购合同是指购销双方为保证双方的利益，在进行交易前签订的，对双方均有法律约束的正式协议。

采购合同是整个采购过程中最重要的文件之一，是采购关系的法律形式，对于确立规范、有效的采购活动，明确购销双方的权利义务关系，保护当事人的合法权益具有重要意义。

一、采购合同的内容

合同具有法律效力，合同上规定签约者应履行的义务和应享有的权利，依法成立的合同受到国家法律的承认和保护，当事人违反时要受到法律的制裁。一份完整的采购合同分为开头、正文和结尾三部分。

1. 开头部分

合同开头部分的主要内容包括：合同的名称、合同的编号、双方的企业名称和地址（自然人则写明姓名和住所）、签订地点、签订时间。

2. 正文部分

合同正文部分的主要内容包括：货物的品种、规格和数量，货物的质量和包装，货物的价格和结算方式，交货期限、地点和发送方式，货物验收办法、期限和地点，违约责任，合同变更和解除的条件，保险，争议及仲裁，不可抗力。

违约责任是指若签约一方不履行合同，必将影响另一方的经济活动，因此，违约方应赔偿对方违约金或赔偿金。例如，供应商不按合同规定的数量、品种、规格供应货物，则应赔偿对方违约金或赔偿金。

合同中应规定在什么情况下可变更或解除合同，在什么情况下不可变更或解除合同，以及通过什么手续来变更或解除合同等。

涉及保险的条款主要包括险种、选择的保险公司及保险金额。

当事人在合同中约定仲裁条款或者在纠纷发生后达成仲裁协议，是仲裁机构受理合同纠纷的法律依据。当事人也可约定诉讼条款。

不可抗力包括不可抗力的范围及法律后果、出具相关证明的机构和事后通知对方的期限等。

3. 结尾部分

合同结尾部分的主要内容包括：合同份数及生效日期、签订人的签名、双方的单位公章、附则。合同条款中如有未尽事宜，可以书面形式加以补充，即附则。

二、采购合同的签订

1. 签订采购合同应遵循的原则

合同必须合法，通常宜采用书面形式。合同当事人必须是具有相应民事权利能力和民事行为能力的自然人、法人或其他组织。当事人必须按平等互利、充分协商的原则，并应当以自己的名义签订合同，委托别人代签的，必须有委托证明。

2. 签订采购合同的程序

签订采购合同的程序是指合同当事人对合同的内容进行协商，取得一致意见，并签署书面协议的过程，如图 2-6 所示。

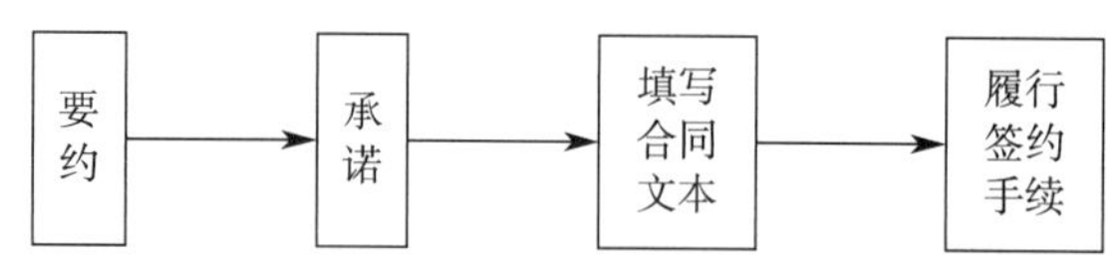

图 2-6　签订采购合同的程序

（1）要约

要约又称发盘、报盘、发价、出价、报价，是希望与他人订立合同的意思表示。要约是一种订约行为，发出要约的人称为要约人，接受要约的人称为受要约人。要约必须有订立合同的意图，一经受要约人承诺，双方即订立合同。要约的内容必须具备足以使合同成立的主要条件。如甲方明确产品报价、付款方式等内容，即为要约。

（2）承诺

承诺是受要约人同意要约的意思表示。受要约人必须在要约规定的期限内向要约人表示同意，并且承诺内容与要约的内容一致。如果对方对要约内容提出新的意见，则称为还盘。往往合同签订之前会经过几次发盘、还盘、再发盘、再还盘，直到最后对方承诺。承诺是不更改要约人要约的内容，对方一旦承诺，即合同成立。

（3）填写合同文本

将采购谈判条款以合同文本方式记录下来，一般正式合同（即双方签字的合同）由合同各方各执一份。

（4）履行签约手续

合同各方签约则合同正式成立。

案例·实践

采购合同的格式及样本

需方：________________，以下简称甲方

供方：________________，以下简称乙方

根据甲方生产需要，甲方订购乙方供应的________________。经双方协商一致签订本合同，以便共同遵守。

1. 设备名称、设备数量、合同价格、交货期限

<table>
<tr><th>设备名称</th><th>数量（套）</th><th>合同价格（万元）</th><th>交货期限</th></tr>
<tr><td></td><td></td><td></td><td rowspan="2">________年____月____日前，合同设备到货安装调试完毕，并通过甲方最终验收</td></tr>
<tr><td colspan="3">合同总金额（大写）人民币__________（含____%的增值税，本价格为最终价，乙方不得以市场变化或其他理由进行增补）</td></tr>
</table>

2. 供货范围和交货方式

2.1 供货范围：详见双方签订的《______________________________协议》。

2.2 交货方式：乙方负责将合同设备运送至甲方指定的交货地点安装调试，并承担全部运费。在合同设备运输及安装调试过程中造成的设备损伤，由乙方负责进行修复，并承担修复费用。设备发运前乙方需提前书面通知甲方并经甲方同意。

3. 质量、技术标准及质量保证条款

3.1 详见双方签订的《______________________________协议》。

3.2 乙方保证所供货物是全新、未经使用过的，并符合双方所签订的技术协议书要求的产品。

4. 验收标准、方式、地点

4.1 验收标准：详见双方签订的《______________________________协议》。

4.2 验收方式：详见双方签订的《______________________________协议》。

4.3 最终验收及交货地点：产品验收以在甲方所在地（____________________公司所在地）进行的最终验收为准。

5. 保证

5.1 乙方保证合同设备是全新的、技术上先进的、质量上可靠的，适合于合同规定的用途和目的，并且符合有关文件的规定。

5.2 乙方保证所提供的技术资料是完整、清楚和正确的，并且能满足甲方所规定的合同设备试运行、性能考核、操作和维修的要求。

5.3 乙方保证及时派遣合格的技术人员对合同设备的安装、试运行、性能考核、验收、操作和维修提供必要、正确和充分的技术服务及技术培训。

5.4 如因技术专利或其他知识产权问题发生纠纷，与甲方无关。

6. 付款时间和方式

6.1 合同生效后15日内，甲方预付合同总金额的30%即人民币______________（大写金额）；合同设备到货安装调试完毕且最终验收合格，并收到乙方开具的增值税发票后30日内，甲方付合同总金额的60%即人民币______________（大写金额）；质保期满且合同设备无任何质量问题后30日内，甲方付余款即人民币______________（大写金额）。

6.2 付款方式：甲方通过银行转账支付给乙方。

7. 违约责任及争议解决方式

7.1 乙方延期交货的，每日应按合同总金额的千分之一承担赔偿责任；延期交货超过60日的，甲方有权解除合同，并有权追究乙方相应的违约责任，对因此造成的直接和间接损失进行索赔。

7.2　若因设备设计及制造等方面缺陷导致设备出现故障或质量问题，乙方应负责修理，并承担相关费用。

7.3　若因甲方使用不当或不可抗拒因素导致设备故障，乙方应协助修复和处理，所需费用由甲方负责。

7.4　本合同履行中如发生争议，双方友好协商解决；若协商解决不成，合同双方均可向乙方所在地仲裁委员会申请仲裁。

8. 不可抗力

8.1　如果任何一方当事人受战争，非人为因素造成的严重的火灾、水灾、风灾、地震、洪水，以及其他不能控制、不能避免且不能克服的事件的影响而无法执行合同，受影响的一方应以电话或传真方式通知另一方当事人，并应在不可抗力事件发生后 7 天内出具有关方面出具的证明文件，提交另一方当事人。

8.2　受不可抗力事件影响的一方当事人对于不可抗力事件导致的合同义务的延迟履行或不能履行不承担任何责任。但该当事人应尽快以电话或传真的方式将不可抗力事件结束或其影响消除的情况通知另一方当事人。

8.3　双方当事人应在不可抗力事件结束或其影响消除后立即继续履行其合同义务，合同期限也相应延长。如果不可抗力事件的影响持续超过 30 日，任何一方当事人均有权终止合同。

9. 质保期及售后服务

9.1　质量保证期为自合同设备在甲方现场最终验收合格之日起 12 个月。

9.2　合同设备运抵甲方现场后，乙方需在 5 个工作日内派遣 1～2 名技术人员抵达甲方现场进行安装调试验收，并负责对甲方操作和维护人员进行免费技术培训，确保甲方操作人员能够正确操作合同设备。

9.3　在质保期内，乙方采取电话指导、现场服务、设备返厂修理等方式向甲方提供全方位服务。乙方保证一旦接到甲方关于服务的联络须马上给予回应。对于需要现场解决问题的，在必要维修部件齐备的前提下，乙方应在 48 小时内到甲方现场进行解决。

10. 其他约定

10.1　本合同经双方签字并盖章后生效。

10.2 《＿＿＿＿＿＿＿＿＿＿＿＿＿＿＿＿协议》作为本合同的附件，与本合同具有同等效力。

10.3 对合同条款的任何修改应以书面形式进行，并由双方授权代表签字。

10.4 没有另一方当事人的事先同意，任何一方当事人不得将合同项下的任何权利和义务转让给第三方。

10.5 除非不可抗力，双方当事人之间的一切联络往来应以书面形式进行。有关重要事项应以传真或特快专递的方式确认。

10.6 本合同共三页，一式两份，甲乙双方各持一份，效力同等。

甲方：	乙方：
单位名称：（章）	单位名称：（章）
单位负责人：	法定代表人：
委托代理人（或项目经理）：	委托代理人（或项目经理）：
地址：	地址：
开户银行：	开户银行：
账号：	账号：
户名：	户名：
签署日期：　　年　　月　　日	签署日期：　　年　　月　　日

思考与练习

一、名词解释

1. 采购管理
2. 定量订购法
3. 定期订购法
4. 采购合同

二、简答题

1. 简述定量订购法、定期订购法的原理及其各自优、缺点和适用范围。
2. 简述采购的基本流程。

三、案例分析

总经理下令降低包装箱价格之后

A公司生产的一种产品是某节能装置的一个部件，远销欧洲。产品质量经过国家权威部门检测，达到国际标准。

最近，公司开展了节约降耗活动，号召广大职工提建议。总经理王某提出，现在的包装箱太贵了，每个要5.8元，公司每年需要12万个包装箱，费用接近70万元，成本太高。王某建议把包装箱价格降低到4.5元以下，这样每年就可以节省15.6万元。

采购部陈经理立即与纸箱厂联系，要求无论如何要把纸箱价格降下来。

三天后，新价格的纸箱到厂了，从外观看，与原来的一模一样。王某于是对采购部、品管部、生产部主管说："你们的工作是怎么做的？要不是我发话，就没有人想到降低成本？这纸箱与原来的一模一样，可价格却下来了。你们三天内每人提出三条节约降耗建议，我们再开会讨论。"

产品开始包装了，装进了新的纸箱内。此时，意想不到的事情发生了……

堆码到三层时，下层纸箱就裂开了。以前即使堆码10层，外包装箱也不会裂开。

大家你看我，我看你，最后目光集中到采购部陈经理身上。陈经理面色通红地说："这，这是老板定的价格啊。"

问题：

1. 该公司的采购流程是否合理？为什么？

2. 根据这个案例，谈谈采购管理工作对于企业发展的重要性。

part

03

第三章 生产管理

学习目标

- 了解生产管理的含义和内容
- 了解生产计划的主要层次、指标以及生产计划管理的主要内容
- 了解生产组织管理的含义和基本要求
- 了解生产现场管理的目标和基本要求
- 了解生产现场管理的三大工具和 6S 管理的具体内容

为实现企业的经营目标，有效地利用生产资源，对生产作业过程进行组织、计划、控制，生产出满足社会需要、市场需求的产品或提供服务，就必须对生产活动进行科学有效的管理。

第一节 生产管理概述

一、生产及生产管理的含义

1. 生产的含义

所谓生产，就是社会组织利用资源将输入转化为输出的过程。输入可以是原材

料、顾客、劳动力及机器设备等，输出的是有形的产品和无形的服务，这种转化是一个增值的过程。生产的过程如图 3-1 所示。其中，典型的作业和转换过程包括物理过程（如制造）、位置移动过程（如运输）、交易过程（如零售）、生理过程（如医疗保健）、信息过程（如电信）等。

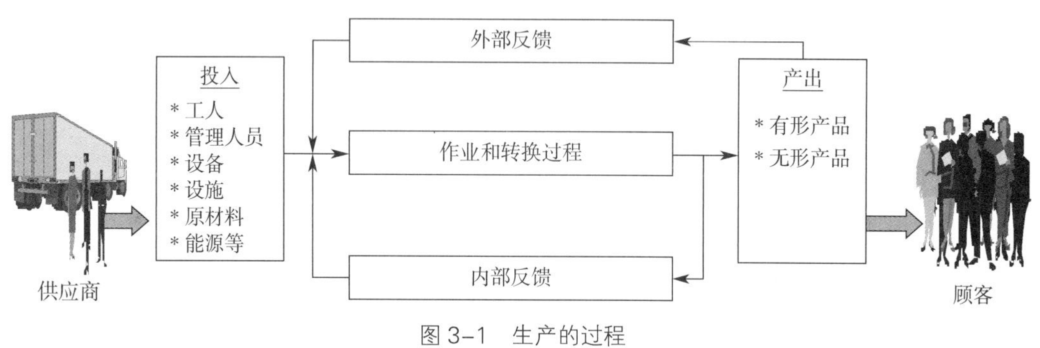

图 3-1　生产的过程

2. 生产管理的含义

广义的生产管理是对整个生产系统的管理，是指企业根据自身制定的经营方针和目标，从输入生产要素（原材料、设备、劳动力等）开始，经过生产转换系统（即计划、设计、生产、检验、包装、核算、销售），最后到产品输出的全过程的管理。生产管理包括生产过程管理、安全管理、劳动管理、物资管理、质量管理、成本管理、设备管理、环境和能源管理等方面。其中，质量管理是广义生产管理的核心。

狭义的生产管理则是指以生产过程为对象的管理，即对企业生产技术的准备、原材料投入、工艺加工直至产品完工的具体活动过程的管理，主要包括生产计划和生产作业计划的编制、生产过程的组织以及生产过程的控制等内容。本章将着重阐述狭义的生产管理。

知识窗

生产管理的发展过程

生产管理经历了四个发展阶段。第一个阶段是 1911 年以前的时期。机械时钟的发明和制造要求人的活动必须精确地协调一致起来，人们还逐渐认识了零件标准化和劳动分工的意义。第二个阶段是以泰勒的科学管理理论为代表的管理理论所奠定的基础。具体包括动作研究、工业心理研究、移动装配原理、数理统计理论在生产管理中的运用，以及运筹学、系统论方法的应用等。第三个阶段是以电子计算机的应用为根本的特征。20 世纪

70年代以后，美国和欧洲开始推出专门解决生产和库存管理难题的管理软件包。这些软件包极大地提高了生产管理者处理相关问题的能力，产生了很好的效果，并迅速得到推广，从而使企业管理的状态和水平发生了根本性的改变。第四个阶段是以网络信息技术为基础的供应链管理时代，以“企业资源计划”为代表的核心管理思想就是实现对整个供应链的有效管理。

二、生产管理的目标

第一，保证实现企业的经营目标。组织生产过程按计划要求高效运行，全面确保产品品种、质量、产量、成本、交货期、环保与安全等达到要求。

第二，有效利用企业的制造资源。不断降低物耗，降低生产成本，缩短生产周期，减少在制品，压缩占用的生产资金，以不断提高企业的经济效益和竞争能力。

第三，适应市场、环境的迅速变化。努力提高生产系统的应变能力，使企业根据市场需求不断推出新产品，并使生产系统适应多品种生产的要求，能够快速地调整生产，进行品种更换。

简单地说，生产管理的目标就是高效、低耗、灵活、准时地生产合格产品或提供满意服务。

三、生产管理的任务

企业生产产品的质量（Quality）、成本（Cost）和交货期（Delivery）简称QCD，它们是衡量企业生产管理成败的三要素。做好这三个方面的工作，是生产管理的主要任务。

一是按照合同约定或市场需求的产品品种、质量完成生产任务。产品质量是企业竞争力的核心，提高质量是企业稳定客户、扩大市场、提高市场占有率的重要手段。

二是按照企业制订的产品成本计划完成生产任务。企业产品的价格是由合同约定或市场决定的。为了获得稳定的利润，生产管理的任务之一是保证产品成本不超过计划成本，厉行节约。

三是按照合同约定或市场需求的产品数量和交货期完成生产任务。产品数量不足要承担违约责任或丧失销售机会，产品数量过剩又会因增加库存而增加成本，加大风险。生产管理要做好产品数量和交货期的平衡工作。

在企业实际管理工作中，这三个方面的要求是互相联系、互相制约的。提高质量可能引起成本增加，为了保证交货期而过分赶工，可能引起成本的增加和质量的降低。为了取得良好的经济效益，生产管理应很好地完成计划、组织、指挥、协调、控制职能，做到综合平衡。

第二节 生产计划管理

一、生产计划管理的含义

生产计划管理一般是指企业对生产活动的计划、组织和控制工作。狭义的生产计划管理是指以产品的基本生产过程为对象所进行的管理，包括生产过程组织、生产能力核定、生产计划与生产作业计划的制订和执行以及生产调度工作。广义的生产计划管理则有了新的发展，是指以企业的生产系统为对象，包括所有与产品制造密切相关的各方面工作的管理，也就是从原材料、设备、人力、资金等的输入开始，经过生产转换系统，直到产品输出为止的一系列管理工作。

二、生产计划的层次

生产计划是企业经营计划的重要组成部分，是企业在经营计划期间完成生产目标的行动纲领，是企业生产管理的依据，也是企业编制物资供应、财务等其他计划的主要依据。

以制造企业为例，其生产计划一般分为综合计划、主生产计划和物料需求计划三种。

1. 综合计划

综合计划又称生产大纲。它是对企业未来较长一段时间内资源和需求之间的平衡所做的概略性设想，是根据企业所拥有的生产能力和市场需求预测，对企业未来较长时间内产出内容、产出量、劳动生产率水平、库存、投资等问题所做出的决策性描述。

2. 主生产计划

主生产计划要确定每一具体的最终产品在每一具体时间段内的生产数量。这里的最终产品，是指对企业而言必须最终完成、可以马上出厂的完成品，它可以是直接用于消费的消费产品，也可以是作为其他企业产品的部件或配件。这里所指的具体时间段通常以周为单位，有时也可能是日、旬或月。

3. 物料需求计划

主生产计划确定后，生产管理部门下一步要做的事情是保证完成主生产计划所规定的最终产品所需的全部物料（如原材料、零部件等）及其他资源的供应。物料需求计划就是要制订这些原材料、零部件等的生产采购计划，例如，采购什么，生产什么，什么物料必须在什么时候订货或开始生产，每次订多少、生产多少等。也就是说，物料需求计划所要解决的是与主生产计划规定的最终产品相关的物料需求问题，而不是这些物料独立的、随机的需求问题。

三、生产计划的主要指标

生产计划的主要指标包括产品品种、质量、产量与产值等，它们各有不同的经济内容，从不同的侧面反映企业计划期内生产活动的要求。

1. 产品品种指标

产品品种指标是指企业在计划期内应生产产品的名称、型号、规格和种类。

产品品种指标能够在一定程度上反映企业适应市场的能力。一般来说，品种越多，越能满足不同的需求，但是，过多的品种会分散企业生产能力，难以形成规模优势。因此，企业应综合考虑，合理确定产品品种，加快产品的更新换代，努力开发新产品。

2. 产品质量指标

产品质量指标是指企业在计划期内生产的产品应达到的质量标准。产品质量包括内在质量与外在质量两个方面。内在质量是指产品的性能、使用寿命、工作精度、安全性、可靠性和可维修性等因素。外在质量是指产品的颜色、式样、包装等因素。

产品的质量标准分为国际标准、国家标准、行业标准和企业标准四个层次。产品的质量标准是衡量一个企业的产品满足社会需要程度的重要标志，是企业赢得市场竞争的关键因素。

3. 产品产量指标

产品产量指标是指企业在计划期内应当生产的合格工业品实物数量或应当提供的合格工业性劳务数量。产品的产量指标常用实物指标或假定实物指标表示。如钢铁用“吨”，发电量用“千瓦时”等表示。产品产量指标是表明企业生产成果的一个重要指标，它直接来源于企业的销售量指标，也是企业制定其他实物量指标和消耗量指标的重要依据。

4. 产品产值指标

产品产值是指用货币表示的企业生产产品的数量。它解决了企业生产多种产品时，不同产品产量不能相加的问题。产品产值指标就是企业在计划期内应完成的产品产值数，它分为以下三种类型：

（1）商品产值指标

商品产值指标是指企业在计划期内应生产的可供销售的产品或工业性劳务的价值。其内容包括用自备原材料生产的可供销售的成品和半成品的价值、用订货者来料生产的产品的加工价值、对外完成的工业性劳务价值。

（2）总产值指标

总产值指标是指用货币表现的企业在计划期内应完成的产品和劳务的总量。它反映企业在计划期内生产的总规模和总水平，其内容包括商品产值，订货者来料的价值，在制品、半成品、自制工具的期末期初差额价值。它是计算企业生产发展速度和劳动生产率的依据。

（3）净产值指标

净产值指标是指企业在计划期内应新创造的价值。净产值的计算方法有两种：一是生产法，即从总产值中扣除物资消耗价值的方法；二是分配法，这种方法从国民收入初次分配的角度出发，将构成净产值的各要素直接相加求得净产值，这些要素主要包括工资、职工福利基金、税金、利润、利息、差旅费、罚金等。在实践中，商品产值和净产值一般用现行价格计算，总产值则要求用不变价格计算。

四、生产计划管理的主要内容

1. 做好编制生产计划的准备工作

编制生产计划的准备工作是指预测计划期的市场需求，核定企业自身的生产能力，为确定生产计划提供外部需要和内部可能的依据。

（1）生产预测

生产预测属于市场预测的范畴，是一种侧重以一个企业作为基本出发点的微观预测。在预测时，要重视对计划期需求特征的描述，分清是线性趋势还是季节性变化，是独立需求还是从属需求。不仅如此，还要选择比较经济、准确的预测方法。

（2）核定生产能力

生产能力是生产系统内部各种资源能力的综合反映，直接关系到企业生产能否满足市场需要，所以，在制订生产计划前必须核定企业的生产能力。

2. 确定生产计划指标

根据满足市场需要、充分利用各种资源和提高经济效益的原则，在综合平衡的基础上确定和优化生产计划指标。

3. 安排产品的生产进度

在编制完生产计划，确定了全年总的产量任务后，企业要进一步将全年的生产任务具体安排到各个季度和各个月份，这就是安排产品的生产进度。安排产品生产进度的总原则是：保证质量和交货期，实现均衡生产，注意与企业技术准备工作及各项技术组织措施的衔接。企业的生产类型不同、生产特点不同，安排生产进度的方法也不同，具体见表 3–1。

表 3–1　不同生产类型的生产进度安排方法

生产类型	生产特点	生产进度安排方法
大批大量生产	产品品种单一，产量大，生产稳定，这类企业安排生产进度的主要内容是将全年生产任务均衡地按季、按月分配	①平均分配。在市场需求比较稳定的条件下，把年计划产量平均分配到各季度、各月中去 ②分期递增。产量分阶段增长，每隔一段时间平均日产量有所增长，某段时间的日产量基本相等 ③小幅度连续递增。由于企业的技术水平和工人的熟练程度不断提高，各季、各月的产量逐渐地、小幅度地增长，呈梯形状态 ④抛物线形递增。一般是新产品，开始批量较小，以后批量逐渐加大；或由于工人技术熟练程度提高，开始时日产量提高较快，以后趋于稳定
成批生产	品种多，各种产品交替生产，所以在安排生产进度时，不仅要合理分配产品产量，而且要合理组织不同时期（季、月）各种产品搭配生产	①对于产量较大、市场需求比较稳定的产品，可采取“细水长流”的方法，在全年各季、各月做比较均衡的安排，以保证企业生产的稳定性 ②对于产量分淡、旺季或同系列的产品，可采取集中生产或集中轮番生产的方法，这样可以扩大批量，减少同期生产品种，简化组织工作 ③新产品和老产品的生产要合理搭配。新产品的生产要考虑到技术准备工作的可能。复杂产品和简单产品、劳动量大和劳动量小的产品以及需要关键设备加工的产品，应合理搭配，均衡地分配到各个时期。这样有利于技术力量、劳动力、设备和生产场地得到均衡使用，合理利用 ④要尽可能地使各季、各月的产品产值同该产品生产的批量相等或成整倍数，以便简化组织工作，提高工作效率
单件小批量生产	产品品种繁多，每种产品产量很少甚至是一次性生产，技术准备工作量较大且复杂，许多订货来得迟、要得急、变动多	①先安排已经明确的订货任务，尚未明确的生产任务用概略的计算单位做粗略安排，待接到订货任务后，再按订货合同的要求详细安排 ②对于新产品和需要关键设备加工的产品，在满足订货要求的前提下，尽可能按季分配，交错安排，以免生产技术准备工作和关键设备忙闲不均 ③小批量生产的产品要集中轮番生产，尽量把通用件多的产品安排在同一时期内生产，以减少同一时期内生产的品种，简化组织工作，提高经济效益

第三节　生产组织管理

一、生产组织管理的含义

生产过程是指从准备生产开始，直至把产品生产出来的全部过程。

生产组织管理是指合理安排各种生产要素和生产过程的不同环节，使其在空间上、时间上形成一个协调的系统，使产品在运行距离最短、花费时间最省、耗费成本最小的情况下生产出来，也称为生产过程的组织管理。

具体来说，生产组织管理包括以下几个方面：

一是生产技术准备过程的管理。生产技术准备过程是指投产前所做的各项生产技术准备工作过程，如产品设计、工艺设计、工艺准备、新产品试制等过程。

二是基本生产过程的管理。它是生产组织管理的核心。基本生产过程是指与企业的基本产品实体构成直接相关的生产过程。

三是辅助生产过程的管理。辅助生产过程是指为保证基本生产过程的实现，不直接构成基本产品实体的生产过程，如动力供应、工具制造、设备修理等。

四是生产服务过程的管理。生产服务是指为基本生产和辅助生产的顺利进行而开展的服务性活动，如原材料、半成品、工具等的供应、运输、库存管理等。

五是附属生产过程的管理。附属生产过程是指利用企业生产主导产品的边角余料、其他资源，生产市场需要但不属于企业专业方向的产品的生产过程，如飞机制造厂利用边角余料生产铝制日用品的过程等。

二、生产组织管理的基本要求

1. 连续性

生产过程的连续性是指要求产品生产过程的各个工艺阶段、工序之间在时间上紧密衔接，连续进行。它表现为产品及其零部件在生产过程中始终处于运动状态，不发生或很少发生中断现象。保证和提高生产过程的连续性，可以缩短产品生产周期，减少库存产品、半成品数量，加速资金周转，同时能更充分地利用物资、设备和生产空间。

2. 比例性

生产过程的比例性是指生产过程各阶段、各工序之间在生产能力上要保持一定的比例关系，以适应产品生产的要求。它表现为各个生产环节的工人人数、设备数量、生产速率、开动班次等都必须互相协调配套。比例性是保证生产连续性的前提，并有利于充分利用企业的设备、生产空间、人力和资金。

3. 均衡性

生产过程的均衡性是指要求生产过程的各基本环节、各工序在相同的时间间隔内生产相同或者稳定递增数量的产品，每个工作场所的负荷经常保持均匀。不出现前松后紧或时紧时松的现象，保持有节奏的均衡生产。均衡性特点是由连续性和比例性特点所决定的。生产不均衡会造成忙闲不均，既浪费资源，又不能保证质量，还容易引发设备故障或人身伤亡事故。

4. 平行性

生产过程的平行性是指生产过程的各个阶段、各个工序在时间上实行平行交叉作业。以制造业为例，平行作业是指相同的零件同时在数台相同的机器上加工；交叉作业是指同一批零件在上道工序还未加工完成时，将已完成的部分零件转到下道工序加工。也就是生产过程的各工艺阶段、各工序在时间上实行平行作业，产品各零部件的生产能在不同空间进行。平行交叉作业可以大大缩短产品的生产周期，在同一时间内生产更多的产品。平行性是生产过程连续性的前提。

5. 适应性

生产过程的适应性是指企业的生产组织形式要多变，能根据市场需求的变化及时调整和组织生产。提高生产过程的适应性，是为了适应市场需求快速多变的环境。企业要满足多变、不均衡的市场需求，保持生产过程的比例性和均衡性，就必须有一个适应性很强的生产系统。

生产过程合理组织的五项要求是相互联系、相互影响的，在生产过程的组织、计划、控制过程中，需根据具体情况综合考虑时间、资金占用、费用等多项因素，统筹安排，提高经济效益。

三、企业的生产类型

1. 按接受生产任务的方式分类

（1）订货型生产

订货型生产是指按用户的订单进行生产。例如，锅炉、船舶、机车等的生产均属于订货型生产。

（2）存货型生产

存货型生产是指在没有接到用户订单时按已有的标准产品或产品系列进行生产，目的是补充库存。例如，轴承、紧固件、小型电动机等产品的生产属于存货型生产。

订货型生产与存货型生产的比较见表 3–2。

表 3–2 订货型生产与存货型生产的比较

项目	订货型生产	存货型生产
产品	变型产品、新产品	标准产品
需求	难以预测	可以预测
价格	订货时确定	事先确定
交货期	订货时决定	根据库存随时交货
设备	多采用通用设备	多采用专用设备
人员	需多种操作技能	需专业化技能

2. 按工作专业化程度分类

按工作专业化程度不同，可将企业生产分为单件生产、成批生产和大量生产。

单件生产是根据用户的特定要求组织生产或服务，如船舶制造、医疗保健等。成批生产是产品品种较多、产量较大的生产或若干产品成批轮换生产，如家用电器的生产等。大量生产是大批量生产一种或少数几种标准化产品。

单件生产、成批生产和大量生产的比较见表 3–3。

表 3–3 单件生产、成批生产和大量生产的比较

项目	单件生产	成批生产	大量生产
产品品种	很多	较多	单一或很少
产品产量	单个或很少	较大	很大
工作地	分散	较少	集中
工序数目	很多	较多	很少
设备布置	基本按工艺原则排列	既可按对象原则排列，又可按工艺原则排列	按对象原则排列
设备类型	通用设备	专用设备、通用设备并存	广泛采用专用设备
设备利用率	低	较高	高
应变能力	很好	较好	差
劳动定额制定	粗略	有粗有细	详细
劳动生产率	低	较高	高

续表

项目	单件生产	成批生产	大量生产
计划管理工作	复杂多变	较复杂	较简单
生产控制	很难	难	容易
产品成本	高	较高	低
人员	应变学习能力强	掌握多种操作技能	熟练化程度高

四、生产过程的空间组织管理

生产过程的空间组织管理是指在一定的空间内，合理地设置企业内部各基本生产单位（车间、工段、班组），使生产活动能高效、顺利进行。生产过程的空间组织管理有以下两种典型的形式：

1. 工艺专业化形式

工艺专业化又称工艺原则，就是按照生产过程中各个工艺阶段的工艺特点来设置生产单位。在工艺专业化的生产单位内，集中着同种类型的生产设备和同工种的工人，完成各种产品同一工艺阶段的生产，即生产加工对象是多样的，但工艺方法是同类的，每一生产单位只完成产品生产过程的部分工艺阶段和部分工序的加工任务，产品的制造需要各单位的协同努力才能完成。如某企业设立铸造厂、锻造厂、热处理厂等生产单位。

工艺专业化形式适用于产品品种多、变化大、产品制造工艺不确定的单件小批量生产类型的企业。它一般表现为按订货要求组织生产，特别适用于新产品的开发和试制。

工艺专业化形式的优、缺点见表 3–4。

表 3–4　工艺专业化形式的优、缺点

优点	缺点
①适应性强，可以适应企业各个不同产品的加工要求 ②便于充分利用设备和生产空间 ③便于加强专业管理和进行专业技术指导 ④个别设备出现故障或进行维修时对整个产品的生产制造影响小	①产品加工过程中搬运路线长，搬运数量大，停放、等待的时间长 ②生产单位之间的协作复杂，生产作业计划管理、在制品管理、成套性进度管理等多项管理工作量大而且复杂 ③只能使用通用设备，生产效率低

2. 对象专业化形式

对象专业化又称对象原则，是指按照生产加工对象（产品、零件、部件）或服务项目的不同来设置生产单位，每个生产单位完成其所负担生产加工对象的全部工艺过程，工艺过程是封闭的。对象专业化生产单位集中了不同类型的机器设备、不同工种的工人，对同类产品进行不同的工艺加工，而不用跨越其他的生产单位。

对象专业化形式适用于企业的专业方向确定，产品品种和工艺稳定的大批量生产。对象专业化形式的优、缺点见表 3–5。

表 3–5　　对象专业化形式的优、缺点

优点	缺点
①生产比较集中，生产周期短，搬运路线短，周转量少 ②计划管理、库存管理相对简单 ③在制品占用量少，资金周转快，协作关系少 ④有利于强化质量责任和成本责任 ⑤便于采取流水作业的生产组织形式，提高生产效率	①对市场需求变化适应性差，一旦因产品失去市场而进行设备更换，则调整代价大 ②设备投资大，且由于同类设备的分散使用，会出现个别设备负荷不足的现象，生产能力不能充分利用 ③工艺及设备管理复杂，不利于开展专业化技术管理

五、生产过程的时间组织管理

为了合理、有效地组织生产过程，提高劳动生产率，缩短生产周期，减少资金占用量，生产过程的各个组成部分不但要在空间上紧密配合，而且要在时间上也互相衔接协调。

1. 生产过程时间组织的含义

生产过程的时间组织，就是要尽可能使生产加工对象在各生产单位之间的移动在时间上互相配合和衔接，以提高生产过程的连续性，缩短生产周期，加速资金的周转，并按时完成计划任务和订货合同。

生产周期是指从原材料投入生产开始，经过各道工序加工直到成品产出为止所经历的全部时间。为了缩短生产周期，需要正确选择零件在工序间的移动方式，合理安排零件在设备上的加工顺序。

2. 批量生产零件的移动方式

零件在工序之间的移动方式是指零件从一个工作地到另一个工作地之间的运送形式，零件在工序之间的移动方式与其生产加工的数量有关。如果某种零件只生产一件，那么就只能在上一道工序加工完成之后，再把其送到下一个工作地去进行下一道工序加工。如果是加工一批相同的零件，就可以采用以下三种不同的移动方式：

（1）顺序移动方式

顺序移动方式就是一批零件在上一道工序全部加工完成之后，才整批转移到下道工序继续进行加工。零件在工序之间整批运输。例如，在普通车间制造零件，先整批在车床上车轴，再整批转移到铣床上铣削轴上的键槽。

（2）平行移动方式

平行移动方式就是当前道工序加工完成每一个零件之后，立即转移到下一道工序继续进行加工，也就是工序间的零件传递不是整批的，而是以零件为单位分别进行的，从而使工序与工序之间形成并行作业的状态。

（3）平行顺序移动方式

平行顺序移动方式就是平行移动方式与顺序移动方式的结合，即一批零件在某道工序尚未全部加工完毕，就将已经加工好的一部分零件转到下道工序进行加工，并使下道工序能连续地全部加工完该批零件。该方式可分为两种情况：一是当前道工序的单件工时小于后道工序的单件工时时，每个零件在前道工序加工完后，可立即向下道工序传送，因为后道工序开始加工后可以保持加工的连续性；二是当前道工序的单件工时大于后道工序的单件工时时，要等前道工序完成的零件数足以保证后道工序能连续加工，后道工序才开始启动。例如，在服装生产过程中，在裁剪工序按照平行顺序，将服装的各个部件整批裁剪完成，全部转移到缝制工序，缝制工序再按照服装缝制顺序采取灵活的组织形式，与平行顺序移动方式结合在一起，组织各道工序之间的传递，节省整体的加工时间。

顺序移动、平行移动和平行顺序移动方式的优、缺点对比见表 3-6。

表 3-6 顺序移动、平行移动和平行顺序移动方式的优、缺点对比

移动方式	优点	缺点
顺序移动方式	组织与计划工作简单，零件集中加工，集中搬运，减少了设备调整时间和搬运工作量，设备连续加工不停顿，提高了工作效率	容易出现等待加工和等待搬运的现象，生产周期长，资金周转慢，经济效益较差
平行移动方式	生产周期最短	当相邻两道工序加工时间不等时，会出现部分设备和工人停工等待的问题，因此，不利于设备及人力的有效利用
平行顺序移动方式	既缩短了一批零件的加工周期，又避免了设备间歇运转的现象	计算比较复杂

三种移动方式各有特点，从生产周期看，平行移动方式最短，平行顺序移动方式次之，顺序移动方式最长。但在选择移动方式时，不能只考虑生产周期，还要根

据企业生产实际情况，权衡利弊，分别加以利用。一般考虑的因素包括加工批量的大小、加工对象的尺寸大小、工序时间的长短、工人的数量和排班以及生产过程空间组织的专业化形式等。

第四节　生产现场管理

生产现场管理是在生产第一线的综合管理，是把生产活动中的五个要素——人、设备、加工方法、材料和信息有机、协调地组织起来，以保证优质、高效、低耗、均衡、安全地进行生产。现场管理是通过现场的生产管理者进行的，他们包括车间主任、工段长、班组长、车间调度员、车间工艺员、经济核算员等。

一、生产现场管理的目标

1. 充分调动人的积极性

生产活动的根本因素是人，对于工人应注重“五会”，即会操作、会调整设备、会维护设备和工具、会检查质量以及会多机床和多工种操作。

2. 开展全面质量管理，确保产品质量

要保证和提高产品质量，就要加强制造过程各个环节的质量管理，包括人员操作、设备运转、工具和量具精度、毛坯尺寸、加工方法及环境条件等方面的质量管理。

3. 实现安全文明生产

安全文明生产是生产现场管理的重点，企业应改善通风照明条件，设置防尘、防毒、消除噪声和防火设施，安装设备的防护装置，避免疲劳作业，以保证安全生产。要教育操作者严格按照规程作业，保证工作地道路的畅通，零件、毛坯等摆放整齐，保持现场整洁。

4. 降低生产成本，提高经济效益

生产过程中要消耗一定的人力、物力和财力，在生产过程的每一个环节都要精打细算，控制各种消耗，消除浪费，做到人尽其才、物尽其用。

5. 建立正常生产秩序，实现均衡生产

要讲究科学管理，讲究节奏，讲究效益。前后工序要保持同步，产品品种、数量、工时的负荷要全面均衡，以最少的生产储备来保证生产的连续性、均衡性。

二、生产现场管理的基本要求

一是环境整洁。厂区和车间地面整洁，道路畅通，标记明显。

二是纪律严明。工艺规程、操作规程和安全规程齐全、合理并得到严格执行。关键生产岗位、特殊工种实行持证上岗，劳动防护用品按规定配备齐全、使用得当，职工必须坚守岗位，严格遵守劳动纪律。

三是设备完好。各种设备能够正常运转，有明确、合理的设备操作、维护和检修规程并能严格执行。

四是物流有序。流动物必须实行定量化管理，按规定及时转库或入库，减少或消除各种不合理的放置和流动，各种设备、物品实行定置管理。

五是信息准确。各种原始记录、台账、报表必须规范化。原始数据记录要工整、准确，信息传递要及时。

六是生产均衡。按工艺流程、期限标准有节奏地进行生产，生产设施的负荷波动达到最低限度。

三、生产现场管理三大工具

1. 标准化

所谓标准化，就是将企业里各种各样的规范，如规程、规定、规则、标准、要领等，形成文字化的资料即标准或标准书，而后依标准行动的过程。那些认为编制或改定了标准就是完成标准化的观点是错误的，只有经过指导、训练才能算是完成了标准化。

2. 目视管理

目视管理是利用形象直观而又色彩适宜的各种视觉感知信息来组织现场生产活动，以提高劳动生产率的一种管理手段，也是一种利用视觉来进行管理的科学方法。

目视管理是一种以公开化和视觉显示为特征的管理方式，它综合运用了管理学、生理学、心理学、社会学等多学科的研究成果。

案例 · 实践

广州高露洁工厂的目视管理

广州高露洁工厂实行的是目视管理。工厂车间入口的走道边是生产绩效的展示橱窗，采用透明玻璃管与不同颜色的填料表示绩效水平。在生产线的适当位置悬挂电子显示屏，随时反映生产效率与异常状况，而在经理的办公间也有显示终端，方便对生产现场实时监控。车间柱子上漂亮醒目的“衣服”，是公司产品的电视或平面广告，当然，这些“衣服”会定期更换，好像在随时提醒员工要关注客户需求的变化。

3. 看板管理

管理看板是发现问题、解决问题的非常有效且直观的手段，是优秀的现场管理必不可少的工具之一。

看板管理是管理可视化的一种表现形式，即对数据、情报等的状况一目了然地进行透明化的管理活动。它通过标语、展板、图表、电子屏等各种形式，把文件上、脑子里或现场隐藏的情报揭示出来，以便任何人都可以及时掌握管理现状和必要的情报，从而能够快速制定并实施应对措施。按照责任主管的不同，看板一般可以分为公司管理看板、部门车间管理看板和班组管理看板三类。图 3–2 所示为生产管理看板。

图 3–2　生产管理看板

四、6S 管理

6S 管理起源于日本，它通过规范现场，营造一目了然的工作环境，培养员工良好的工作习惯。6S 管理是指对生产要素所处的状态不断地进行整理、整顿、清扫、清洁、提高素养和保证安全的活动，具体见表 3–7。

表 3-7 6S 管理

内容	含义	目的	要点
整理	将工作场所的任何东西区分为必要的和不必要的，把必要的东西和不必要的东西明确、严格地区分开来，不必要的东西要尽快处理掉	腾出空间，空间活用，防止误用、误送，打造清爽的工作场所	全面检查自己的工作场所（范围），包括看得到和看不到的物品，制定“要”和“不要”的判别基准，将不要的物品清除出工作场所，对需要的物品调查使用频度，决定日常用量及放置位置，制定废弃物处理方法，每日自我检查
整顿	对整理之后留在现场的必要物品分门别类地放置，排列整齐，明确数量，有效标示	使工作场所一目了然，减少寻找物品的时间，创造整齐的工作环境，清除过多的积压物品	前一步骤整理的工作要落实，需要的物品要明确放置场所，摆放整齐、有条不紊，在地板上画线定位，标示场所、物品，制定废弃物处理办法
清扫	将工作场所清扫干净，保持工作场所干净、明亮	清除脏污，保持工作环境干净、明亮，稳定品质，减少工业伤害	建立清扫责任区（室内外），执行例行扫除，清理脏污，调查污染源，予以杜绝或隔离，制定清扫基准作为规范，实施一次全企业的大清扫，每个地方都清扫干净
清洁	将整理、整顿、清扫的做法制度化、规范化，保持清洁	维持整理、整顿、清扫的成果，使车间环境良好，员工愉快地工作，消除发生灾害的根源	落实整理、整顿、清扫工作，制定目视管理的基准，制定 6S 实施办法，制定考评、稽核办法，制定奖惩制度，加强执行，高层主管经常带头巡查，带动全体员工重视 6S 活动
素养	遵章守纪，重视道德品质修养，通过晨会等手段，提高员工文明礼貌水准，增强团队意识，养成按规定行事的良好工作习惯	提升人的品质，使员工对任何工作都讲究认真	制定服装、臂章、工作帽等方面识别标准，制定企业有关规则、规定，制定礼仪守则，教育训练（新进人员强化 6S 教育、实践），推动各种精神提升活动（晨会、例行打招呼等），推动各种激励活动，遵守规章制度
安全	重视成员安全教育，每时每刻都有安全第一的观念，防患于未然	建立安全生产的环境，所有的工作应建立在安全的前提下	工作场所干净，物品摆放井然有序，通道畅通，员工按规定上岗操作，消防器材完备无损、定位摆放，安全文明生产，无事故隐患

思考与练习

一、名词解释

1. 生产管理

2. 生产计划管理

3. 生产组织管理

4. 生产现场管理

二、简答题

1. 生产计划包括哪几个层次？生产计划管理的主要内容是什么？

2. 企业生产包括哪几种生产类型？

3. 简述 6S 管理的具体内涵。

三、案例分析

海尔的质量管理

1984 年，受命于危难的青岛电冰箱总厂（海尔的前身）厂长张瑞敏面临着严峻的市场形势。当时企业在规模、品牌方面都处于绝对劣势，靠什么在市场上争得一席之地呢？只能靠质量。于是，张瑞敏提出了自己的质量理念：“有缺陷的产品就是废品”，于是也就有了产品质量的“零缺陷、精细化”管理办法，以及达到用户使用零抱怨、零投诉的要求。从理念的提出到员工接受、认同，最后变成自觉遵循的原则和习惯，需要一个过程。正是由于过去许多职工不能真正理解，更难以自觉接受质量理念，所以企业产品质量不稳定，客户投诉不断。张瑞敏强烈意识到，理念问题解决不了，靠事后检验，是不可能提高质量的。于是有了张瑞敏果断推出的“砸冰箱”事件。

当员工们含着眼泪看张瑞敏亲自带头把有缺陷的 76 台电冰箱砸碎之后，他们内心受到的震撼是巨大的。员工们对“有缺陷的产品就是废品”有了刻骨铭心的理解与记忆，对“品牌”与“饭碗”之间的关系有了更切身的感受。张瑞敏并没有就此而止，也没有把管理停留在“对责任人进行经济惩罚”这一传统手段上，他要充分利用这一事件，将质量理念渗透到每一位员工的心里，再将理念外化为制度，构造成机制。在接下来的一个多月里，张瑞敏发动并主持了一个又一个会议，讨论的主题却非常集中：“我这个岗位有质量隐患吗？我的工作会对质量造成什么影响？我的工作会影响谁？谁的工作会影响我？从我做起，从现在做起，应该如何提高质量？”在讨论中，大家相互启发，相互提醒，更多的是深刻的内省与反思。

于是，“产品质量零缺陷”的理念得到了广泛的认同。

随后他们走出了关键的第三步，构造“零缺陷”管理机制。在海尔每一条流水线的最终端，都有一个“特殊工人”。流水线上下来的产品，在经过各道工序时，工人检查出上一工序留下的缺陷后就及时地记录在一张缺陷条上。这位特殊工人的任务就是负责把这些缺陷维修好。他把维修每一个缺陷所用的时间记录下来，作为向“缺陷”的责任人索赔的依据，他的工资就是索赔所得。当产品合格率超过规定标准时，他还有一份奖金，合格率越高，奖金越高。这就是著名的“零缺陷”机制，这位特殊工人的存在，使“零缺陷”有了机制与制度上的保障。这一制度的推出，使海尔的产品、服务、内部各项工作都有了更高的质量管理平台。

从1989年起，海尔正式实施“OEC管理法”。所谓OEC即Overall（全方位）、Every（每人、每天、每件事）、Control&Clear（控制和清理），总结起来就叫“日事日毕，日清日高”，“人人有事管，事事有人管”。即今天的事情今天一定要把它做完，今天的事情比昨天要有提高，每天都有提高。

当时，海尔首先建立了质量价值券考核制度，员工收入实行质量否决制，要求员工不但要做出一台产品，而且要做好一台产品；其次，考核重点是遵章守法，凡是企业的规章制度，不是摆样子，而是建立一项就执行一项、考核一项、兑现一项；最后，分配制度主要同质量挂钩，谁出现质量问题，就按考核规定扣谁的工资。这种做法从人力资源管理层面有力地配合和推动了名牌战略的实施。

问题：

1. 根据案例内容，简要叙述海尔的OEC管理法是如何提高产品质量的。

2. 试分析OEC管理法和6S管理法的区别和联系。

part

04

第四章 仓储与配送管理

学习目标

- 了解仓储管理的含义和基本流程
- 了解配送的含义和配送模式的类型
- 了解配送的业务流程

仓储与配送是现代企业管理中必不可少的部分，例如，生产企业需要储存原材料、零部件，连锁超市需要进行商品配送，农场生产的瓜果蔬菜需要进行仓储并向各地配送。

科学的仓储与配送管理能够提高流通效率、降低成本，对于企业发展有着重要的作用。

第一节 仓储管理

仓储管理是指对各类商品的进、出、存等仓储业务和作业进行的计划、监督、控制与核算等活动的统称。做好仓储管理，对于降低物流成本，确保货物质量完好、数量准确，提高服务质量有着十分重要的意义。仓储活动主要包括商品入库、在库和出库三个作业阶段，以及包装、流通加工、分拣、装卸、配送、发运和信息处理等基本环节。仓储管理流程如图 4-1 所示。

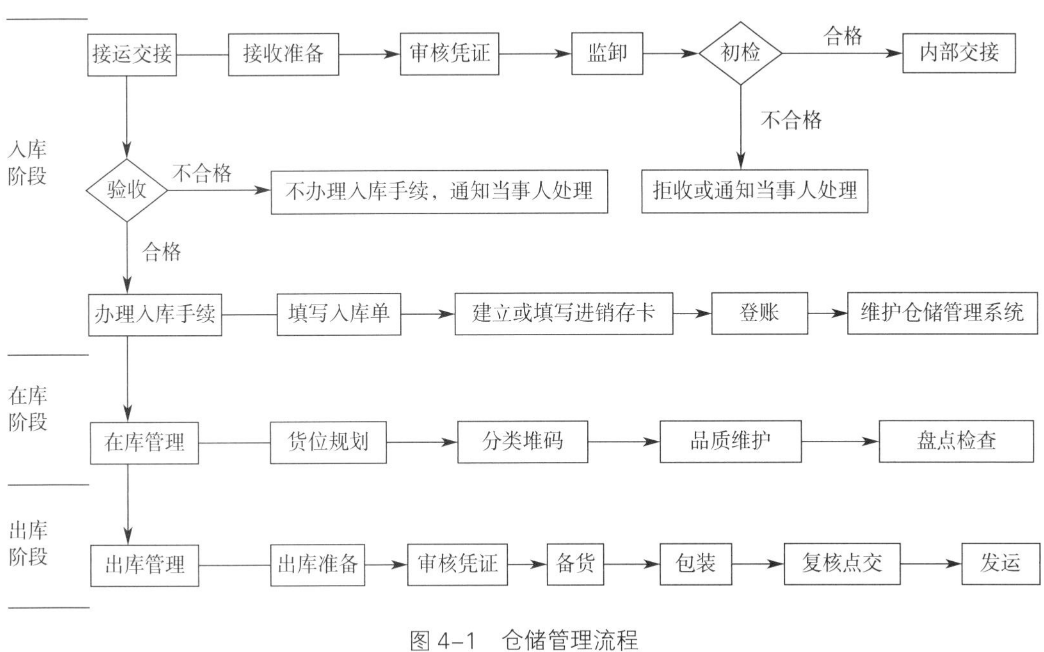

图 4-1 仓储管理流程

一、入库阶段管理

入库阶段管理主要包括接运交接、验收、办理入库手续。

1. 接运交接

接运交接是商品入库前重要的业务环节，是指商品的接运与单证的交接，主要包括接收准备、审核凭证、监卸、初检等内容。入库活动涉及供应商、承运商、保险公司及收货单位等当事人责任的划分，因而须严格执行接运交接。

（1）接收准备

接收准备主要是准备装卸、搬运、检验等活动所需的人员、设备、货位等，并预先确定操作的流程和方法。

（2）审核凭证

审核凭证主要是审核送货单或入库单内容是否准确完整、是否为原件、是否加盖有效印章、是否有负责人的签名等。

（3）监卸

监卸即监督商品卸车，以保证商品在卸车过程中不会损坏。监卸时需要熟悉包装箱上的包装储运图示标志，见表 4-1。

表 4-1　　包装储运图示标志

标志名称及含义	图形符号	标志名称及含义	图形符号
易碎物品 表明运输包装件内装易碎物品，搬运时应小心轻放		重心 表明包装件的重心位置，便于起吊	
禁用手钩 表明搬运运输包装时禁用手钩		禁止翻滚 表明搬运时不能翻滚运输包装件	
向上 表明运输包装件在运输时应竖直向上		此面禁用手推车 表明搬运货物时此面禁止放在手推车上	
怕晒 表明运输包装件不能直接照晒		堆码层数极限 表明可堆码相同运输包装件的最大层数，n 表示从底层到顶层的总层数	n
怕辐射 表明物品一旦受辐射便会变质或损坏		堆码质量极限 表明运输包装件所能承受的最大质量极限	…kg_{max}
怕雨 表明运输包装件怕雨淋		禁止堆码 表明该包装件只能单层放置	

（4）初检

初检是在监卸过程中进行的，初检后对合格的商品进行内部交接，对不合格的商品予以拒收或通知当事人进行处理。初检的内容主要包括：包装的标志与包装是否完整，大件数量是否准确无误，货物外观质量是否完好，以及货物受潮、霉变和锈蚀情况。

2. 验收

验收是对初检合格的商品进一步进行检验。验收合格商品办理入库手续，验收不合格商品予以拒收或通知当事人进行处理。

（1）验收的基本要求

1）准确。要严格按照合同规定的标准和方法进行验收，认真校正和正确使用验收工具。

2）及时。及时验收有利于加快商品周转，应做到先小批后大批、先易后难，验收结束及时签收。

3）严格。验收人员应明确每批商品验收的要求和方法，并严格按验收的业务操作程序操作。

（2）验收的内容

1）核对凭证。核对验收收据，如货主或业务主管部门提供的入库通知单、订货合同、送货单等；核对供货单位提供的验收凭证，如质量保证书、合格证、装箱单、说明书和保修卡等；核对承运单位提供的运输单证，如果运输途中出现货损、货差问题，送货或提货人员必须提供相关事故记录，包括货物残损情况的货运记录、公路运输交接单等；核对保险公司出具的保险凭证等。

2）数量验收。数量验收主要是检验实收货物数量是否与单据上的数量相符。数量验收分两种情况：一种是计件商品的件数验收，如家用电器、标准件等，其计量单位一般为台、只等；另一种是计重商品的重量，如工业原材料等，其计量单位一般为千克、吨等。

3）质量验收。质量验收是检验制造商和供应商所提供商品的质量是否符合交货要求。质量验收包括内在质量验收和外观质量验收，内在质量验收一般由仓库抽样外送质量检验机构检验，外观质量验收通常采用感官检验手段，如眼看、耳听、手摸、鼻嗅来检验商品质量。

3. 办理入库手续

商品验收合格后即予办理入库手续，包括填写入库单、建立或填写进销存卡、登账、维护仓储管理系统等。

（1）填写入库单

办理入库手续时，应只对验收合格的商品填写入库单。

（2）建立或填写进销存卡

进销存卡记录了每一件货物的进销存情况，放在相应货架上。若货物已建立进销存卡，那么就不需要重新建立；若货物未建立进销存卡，则需要建立该货物的进销存卡。每次货物入库、出库时都要填写进销存卡，填写内容包括入库数量、出库数量、库存数量、填写人姓名等。

（3）登账

登账即登写进销存账，应根据入库单或出库单填写。入库填写在收入栏，出库填写在支出栏。

（4）维护仓储管理系统

若仓库配有仓储管理系统，应及时按系统程序办理入库、出库手续，录入有关信息。

二、在库阶段管理

在库阶段管理主要包括货位规划、分类堆码、品质维护和盘点检查。

1. 货位规划

货位规划是指将仓库分区分类规划，并对库房、货架、层数、货位予以编号，进行定位。货位编号采用四号定位法，即将库房、货架、层数、货位四者统一编号，用这四个号码来表示货物在仓库中的位置。例如，3-1-3-3 表示第 3 号库房、第 1 个货架、第 3 层、第 3 个货位。在编号时，货架层号要从下到上依次编号，货位号要面向货架从左到右依次编号，如图 4-2 所示。

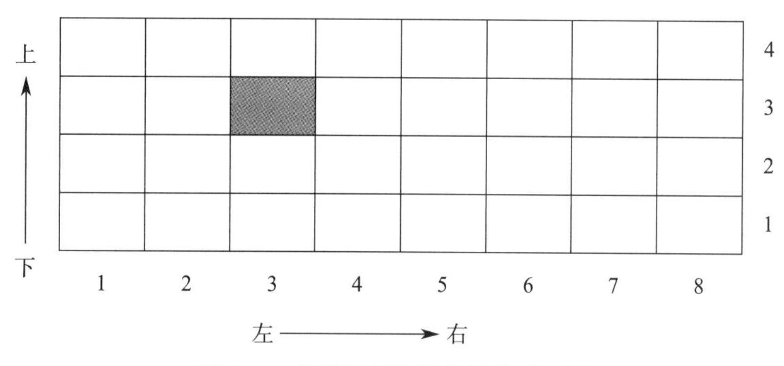

图 4-2　货架层号和货位号编号示例

知识窗

货物储存规划原则

货物储存规划的原则是分区分类、专仓专储。所谓分区分类，就是根据货物性质、保管要求、消防要求和设备条件，把仓库划分为若干个保管区（如食品区、日化区），进行分类储存、保管的方法。所谓专仓专储，就是对某些性质特殊、不宜与其他物品共储的货物，在仓库中划出专门的仓间，进行专门储存、保管的方法。例如，食品中易受温度影响的巧克力，需要在仓库中划出专门的空间进行存储。

2. 分类堆码

分类堆码是指将入库货物按照不同类别进行堆码。堆码时，要根据货物的特性、形状、规格、质量及包装质量等情况，综合考虑地面的负荷、储存的要求，将货物分别堆叠成各种货垛。

对不同性质和形状的货物要采取不同的堆码方式。货物的堆码方式有散堆、货架堆码、托盘堆码和垛堆等。散堆主要用于无包装的大宗散货，如粮食、钢材等。货架堆码是利用货架存放货物，主要用于存放零星或怕压的货物。托盘堆码的特点是货物直接在托盘上存放。货物从装卸、搬运入库，直到出库运输，始终不离开托盘，这就可以大大提高作业效率，减少搬运次数。

垛堆是指直接根据货物或其包装的外形进行堆码，主要适用于有外包装的货物，或无外包装但形状统一的货物。垛堆的方式有重叠式、纵横交错式、仰俯相间式、压缝式、宝塔式、通风式、栽柱式、衬垫式和“五五化”式等，具体如下：

（1）重叠式垛堆

这种垛堆方式是逐件、逐层向上重叠码高而成货垛，如图 4–3 所示。这种垛形是机械化作业的主要垛形之一，适用于中厚钢板、集装箱等货物。堆码板材时，可逢十进行交错，以便计数。

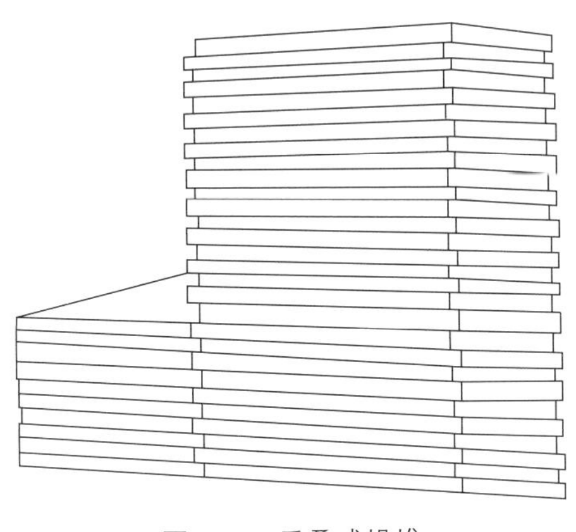

图 4–3 重叠式垛堆

（2）纵横交错式垛堆

这种垛堆方式是将长短一致、宽度排列能够与长度相等的货物，一层横放，一层竖放，纵横交错堆码，形成方形垛，如图 4-4 所示。长短一致的锭材、管材、棒材以及狭长的箱装材料均可采用这种垛堆方式。

图 4-4　纵横交错式垛堆

（3）仰俯相间式垛堆

对于钢轨、槽钢、角钢等货物，可以一层仰放、一层俯放，仰俯相间相扣，使货垛稳固，如图 4-5 所示。

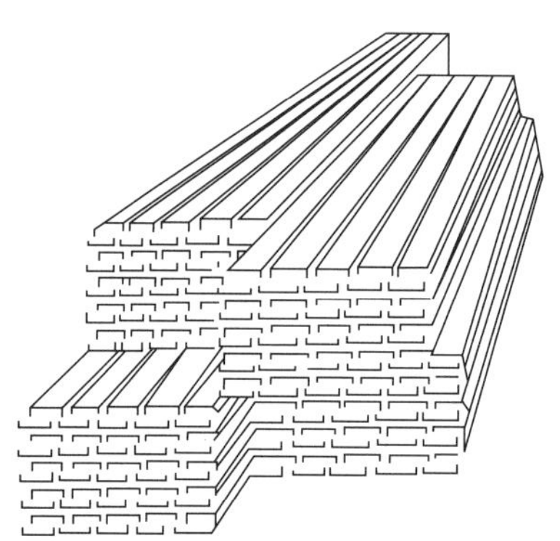

图 4-5　仰俯相间式垛堆

（4）压缝式垛堆

这种垛堆方式是将垛底底层排列成正方形、长方形或环形，然后起脊压缝上码，适用于长方形包装和桶装货物等。正方形或长方形压缝式货垛的纵断面呈层脊形。

（5）宝塔式垛堆

宝塔式垛堆与压缝式垛堆类似，适用于电线电缆等。压缝式垛堆是在两件物体之间压缝上码，而宝塔式垛堆则是在四件物体的中心上码，逐层缩小。

（6）通风式垛堆

这种垛堆方式适用于需要通风保管的货物，垛堆时每件货物和另一件货物之间都留有一定的空隙以利于通风。

（7）栽柱式垛堆

这种垛堆方式是在货垛的两旁栽上两至三根木柱或钢棒，然后将材料平铺在柱间，每层或每隔几层在两侧相对应的柱子上用铁丝拉紧，以防倒塌，如图 4–6 所示。这种方式多用于长条状金属货物，如圆钢、中空钢等。

（8）衬垫式垛堆

这种垛堆方式是在每层或每隔几层货物之间夹进衬垫物，利用衬垫物使货垛的横断面平整，货物互相作用，以加强货垛的稳固性，如图 4–7 所示。衬垫物需要视货物的形状而定。这种方式适用于形状不规则且较重的裸装货物，如电动机等。

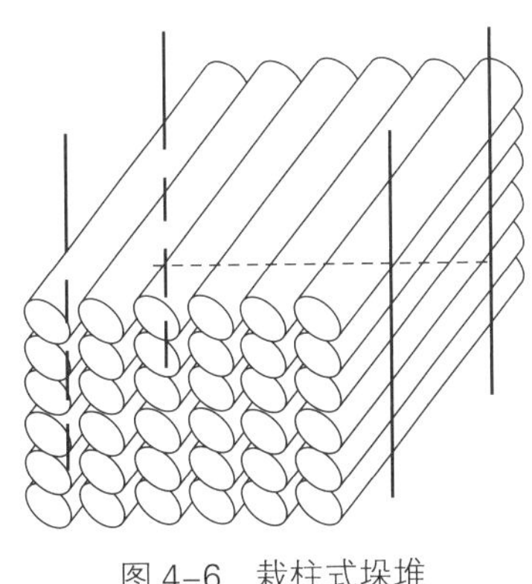

图 4–6　栽柱式垛堆

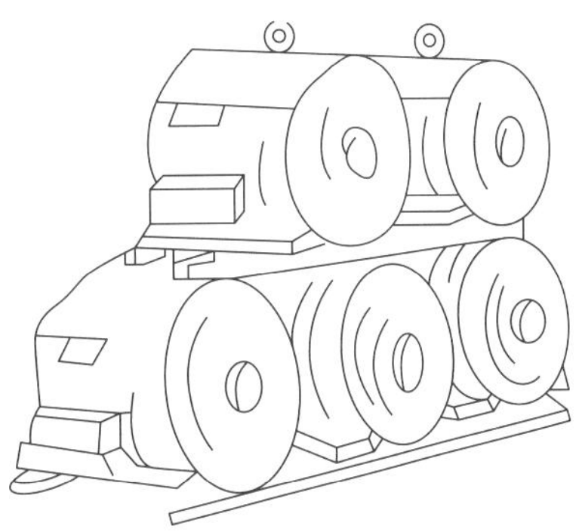

图 4–7　衬垫式垛堆

（9）“五五化”式垛堆

“五五化”式垛堆就是以五为基本计数单位，将货物堆码成总数为五的倍数的货垛，即大的货物堆码成五五成方，小的货物堆码成五五成包，长的货物堆码成五五成行，短的货物堆码成五五成堆，带眼的货物堆码成五五成串。这种垛堆方式清点方便，数量准确，不容易出现差错，收发快、效率高，适用于按件计量货物。

3. 品质维护

品质维护是指对入库货物进行有效保管保养，防止货物老化或变质造成货损。品质维护要根据货物特性、保管要求进行维护，做到随时掌握仓库温度、湿度，并能调节仓库温度、湿度，满足货物保管要求。

4. 盘点检查

盘点检查是指对货物实有库存数量及金额进行全部或部分清点，以准确掌握当期货物库存状况，并据此加以改善，加强管理。盘点检查的作业流程大致可分为盘前准备、盘点执行及盘后工作。

（1）盘前准备

盘前准备包括确定盘点时间、准备停止出入库作业、准备盘点表和盘点盈亏表、分配盘点人员、将同一类别或品名的货物放在一起等内容。

（2）盘点执行

盘点执行是在事先确定的盘点时间根据盘点表进行实物盘点，盘点一般进行两次，即初盘、复盘。盘点完成后将实盘数量填入盘点表中。

（3）盘后工作

盘点结束以后，要将每种货物的账存数量与盘点数量进行比较，计算出差异。如果差异在合理的范围内，就不需要分析差异原因；如果差异超过规定范围，就必须对差异做出说明与原因分析。最后调整账目，即将账面数量调整为盘点实数，做到账实相符。盘点结果可能是盘盈或盘亏，此时应该填写盘点盈亏表。

三、出库阶段管理

出库阶段管理主要包括出库准备、审核凭证、备货、包装、复核点交和发运。

1. 出库准备

为了能准确、及时、安全、节约地做好货物出库，提高工作效率，仓库应根据出库凭证的要求，选择好发货的货区、货位，安排好出库货物的堆放场地，准备好包装材料。

2. 审核凭证

仓库接到出库凭证（如提货单、领料单）后，必须对出库凭证进行审核。审核内容包括：审核出库凭证的合法性和真实性，或者审核出库凭证上是否有其部门主管或指定专人的签章，手续不全者不予出库；核对货物的品名、型号、规格、单价、数量；核对收货单位、到站等内容是否齐全、准确。如属客户自提出库，则要核查提货单有无财务部门准许发货的签章。

3. 备货

备货要按出库凭证所列项目和数量进行，不得随意变更。备好的货应放于相应的区域，等待出库。

4. 包装

包装是为了使货物在运输途中不受损坏，货物要根据合同约定的要求进行包装。货物包装一般要符合以下要求：根据货物的外形特点，选择适宜的包装材料，包装尺寸要便于货物的装卸和搬运；要符合货物运输的要求；包装应牢固，怕潮的货物应垫一层防潮纸，易碎的货物应垫软质衬垫物；严禁性能抵触、互相影响的货物混合包装。

5. 复核点交

为避免出库货物出错，备料后应进行复核，复核可由专人或仓库管理员复核。复核的内容包括：货物名称、规格、型号、批次、数量、单价等项目是否同出库凭证所列内容一致，外观质量、包装是否完好等。复核人员复核无误后，应在提货单上签字，以示负责。

6. 发运

发运是货物出库的最后环节，提货人应出示证件，签收出库单，并按时发运。

第二节　配送管理

配送的实质是送货，但它不是单纯的送货。从配送的实际过程来看，配送包括两个方面的活动："配"是对货物进行集中、拣选、加工、包装、分割、组配、配备和配置，"送"是以各种不同的方式将货物送达至指定地点或用户手中。配送几乎包括了所有的物流功能要素，是物流的一个缩影或在某一小范围内物流全部活动的体现。

配送联结着企业的生产、销售和采购，能够保证企业生产和销售的正常运转，满足市场的需求。配送是现代物流中一种特殊的、综合的活动形式，在物流系统中占有重要地位，在现实生活中扮演着重要的角色。例如，电子商务活动、连锁经营等都离不开配送。

配送管理的目标是：及时了解市场的需求，合理向客户配送商品，做到商品配送的适销、适时、适量。要科学地统计和分析市场需求，以便制订合理的配送计划。

一、配送管理的内容

配送管理包括配送模式管理、配送方案管理、配送作业管理、配送系统管理、配送质量和客户服务的管理。

1. 配送模式管理

配送模式是指配送的基本方式和方法。配送模式主要有自营配送模式、供应商配送模式、第三方物流配送模式和共同配送模式四种类型。企业选择哪种配送模式主要取决于配送对企业的重要性、企业配送能力、市场规模与配送成本等因素。

2. 配送方案管理

配送方案管理主要包括拟订配送计划、选择配送路线、划分配送区域、分析配送成本、选择合作伙伴、制定配送资源筹措方案等。配送方案的设计要考虑很多因素，如客户需求、配送路线、送货时间、商品特点、配送成本、配送频率等。

3. 配送作业管理

配送作业管理包括订单作业管理、进货作业管理、拣货和补货作业管理、配货和送货作业管理、盘点和退货作业管理。配送作业管理可以采用传统人工方式，也可以采用机械化、智能化管理方式，如使用自动分拣系统、无线射频识别系统、条码识别系统等。

4. 配送系统管理

配送系统管理主要是对配送系统中各要素的管理，包括对人、财、物、设备、技术、信息的管理。人的管理包括人员的选拔、录用、培训等；财的管理主要包括对配送过程中资金收支的管理和对配送成本的控制；物的管理贯穿于配送活动的始终，包括物的采购、储存、拣选、配送等；设备的管理包括各种配送设备的选择、购置、安装、使用、维修和更新；技术的管理包括配送路线的规划优化、配送作业流程的制定、技术情报和技术文件的管理；信息的管理主要指对配送作业内容、配送方式等各方面的信息进行搜集、加工、存储和传输等。

5. 配送质量和客户服务的管理

配送质量管理包括对配送服务质量、配送工作质量、配送工程质量等的管理，配送质量管理主要应以提高配送工作全过程的质量、提高配送服务水平为根本目的，设计合理的配送质量管理评价指标，建立全面的配送质量管理体系。

客户服务的管理是配送质量管理的核心，主要指对配送活动相关服务进行组织和监督，衡量配送服务满足客户需要的程度，如调查和分析客户对配送活动的意见等。客户服务管理的项目主要有时间、可靠性、方便性和信息沟通状况。

二、配送模式

1. 自营配送模式

自营配送模式是指企业物流配送的各个环节都由企业自己筹建、组织、管理，并对企业内部和外部进行配送的模式。例如，自 1970 年建立至今，沃尔玛公司一般在每 100 多家零售店的中心位置就设立一个配送中心。其自建的配送体系能为全球近万家沃尔玛连锁店铺按时按需提供服务。

自营配送模式的主要优点是：便于各环节协调配合，且对配送系统运作全过程具有控制权；能够更为迅速地响应各分销商或终端消费者的需求，提高为顾客服务的质量；可以降低交易成本，企业通过内部行政机制控制采购和销售，不必就相关的运输、仓储、配送问题进行谈判，减少交易费用。

2. 供应商配送模式

供应商配送模式是由供应商直接进行商品配送，企业向供应商发出订单，由供应商直接将企业采购的商品在指定的时间范围内送到各个分销商或终端消费者的一种模式。例如，华联超市与上海捷强集团公司、宝洁公司建立自动补货系统，将“超市补货”转变为“供货商补货”。

供应商配送模式的优点是：送货快速、方便，便于实现逆向物流，可大大降低连锁企业的成本和运作的复杂程度，实现“上午下订单，下午就到货”这种随订随到的目标，适合“小批量、多频次”的订货。

3. 第三方物流配送模式

第三方物流配送模式是企业将其物流配送业务部分或者全部委托给专业物流企业来运营的一种模式。例如，北京物美集团在 2001 年就委托第三方物流公司为其所属的 200 家便利店进行配送，为其提供配送库房，面积为 1 万平方米，年配送能力为 500 万箱，配送金额达 10 亿元。

第三方物流配送模式的主要优点是：从战略层面上，使用第三方物流可以使企业减少固定资产投资，规避经营风险，集中于核心业务，提高核心竞争力。

4. 共同配送模式

共同配送模式是多家企业和供应商为实现整体配送合理化，以互惠互利为原则，共同出资建立配送中心，并由出资方共同经营管理，为所有出资企业提供统一配送服务的一种协作型配送模式。例如，7–11 便利店是全球最大的零售商之一，其共同配送物流体系是由合作的生产商和批发商根据 7–11 便利店的网点扩张情况以及其独特的业务流程与技术量身打造的。根据 7–11 便利店与各生产商、批发商达成的协议，生产商和批发商投资设立共同配送中心，由参加投资的公司共同经营，实现共同配送。此举使 7–11 便利店的商品周转率和车辆装载率、利用率得到极大提高。

共同配送模式的优点是：优势互补，可以提高效率，降低成本，可以实现社会资源共享。

三、配送的业务流程

配送业务分为备货、理货和送货三个阶段，包括若干基本环节，其流程如图 4–8 所示。

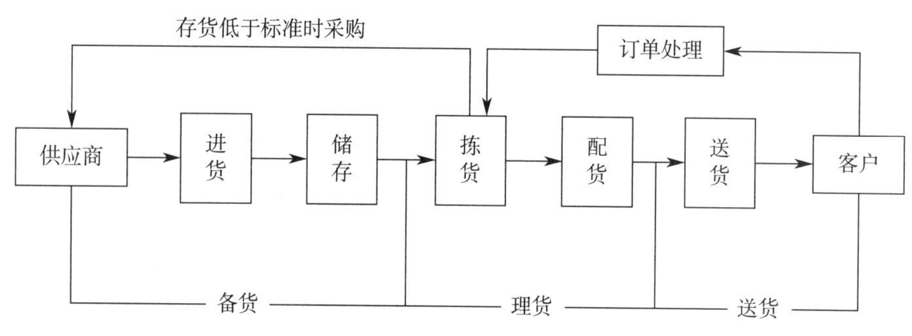

图 4–8　配送的业务流程

1. 备货

备货是配送机构根据客户的要求和自身经营的需要从供应商处采购和存储商品的过程，是商品配送的前提和基础。备货工作通常包括制订进货计划、组织货源、进货验收、存储保管等基本业务。

2. 理货

理货是配送的一项重要内容，也是配送区别于一般送货的重要标志，包括货物分拣、配货和包装等活动。货物分拣是指采用适当的方式和手段，从储存的货物中分出（或拣选）用户所需要的货物。货物分拣一般有摘取式和播种式两种方式。

3. 送货

送货是配送活动的核心，也是备货和理货工序的延伸。在物流活动中，送货实际上就是货物的运输或运送，因此，常常以运输代表送货。按照配送合理化的要求，必须在全面计划的基础上，制定科学的、距离较短的货运路线，选择经济、迅速、安全的运输方式和适宜的运输工具。

思考与练习

一、名词解释

1. 仓储管理

2. 配送

二、简答题

1. 简述在库阶段管理的内容。

2. 简述配送模式的类型及其各自的优点。

三、案例分析

糟糕的配送

在一家街头的零售店里，某饮料企业的一位送货员正在送货，以下是他和零售店店主之间的对话。

企业送货员："张老板，我来给您送货。"

零售店店主："你们公司送货怎么这么慢呢？我订的货应该在昨天就送到了，可你现在才来。你看，我的客户都跑掉了！"

企业送货员："对不起，我们公司订单太多，有些忙不过来。"

零售店店主："怎么你们送来的货与我的订单内容不一样啊？"

企业送货员："不会吧，难道是太忙弄错了？"

零售店店主："这个产品不对，我要的是150毫升的饮料，你送的是500毫升的；这个产品也不对，我要30瓶，你们只拿了20瓶！真是乱七八糟的！像你们这样送货，客户全都得跑光了。产品不对，时间也不对！我要退货。真是受不了你们，我不会再和你们打交道了！"

问题：

1. 案例中的饮料企业在配送业务环节中存在什么问题？

2. 你认为应该怎样解决这些问题？

part 05

第五章 市场营销管理

学习目标

- 了解市场和市场营销的含义
- 掌握营销环境分析的方法
- 掌握市场细分及目标市场选择的一般方法
- 理解并应用市场营销组合策略

市场营销管理是指为了实现企业或组织目标，建立和保持与目标市场之间互利的交换关系，而对市场营销活动进行的分析、规划、实施和控制。企业营销管理者要针对不同的需求情况，采取不同的营销管理策略，以有效地满足市场需求，确保企业目标的实现。

第一节 市场营销管理概述

任何一个企业，无论其规模、实力如何，它的生产经营活动都离不开市场。在国际经济日趋融为一体，市场的地域界限越来越模糊的今天，企业要想求生存、图发展，就必须认识市场、了解市场、分析市场，按照科学的营销观念，采用适宜的营销战略与策略去适应市场、引导消费。

一、市场和市场营销的含义

1. 市场

市场是由具有特定需要或欲望，愿意并能够通过交换来满足这种需要或欲望的全部顾客所构成的集合。从经营者的角度来看，人们常常把卖方称为行业，而将买方称为市场，它们的关系如图 5-1 所示。

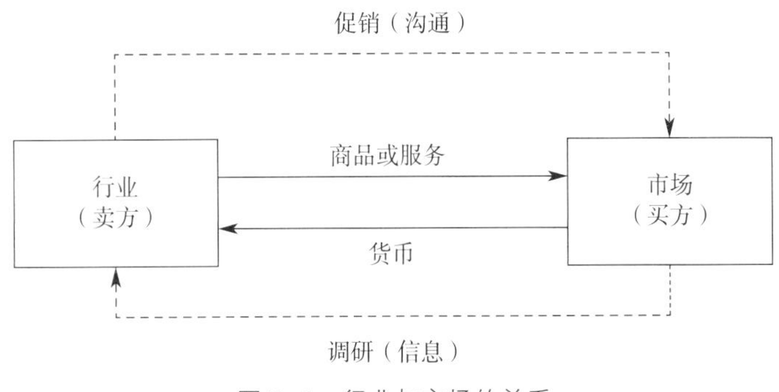

图 5-1 行业与市场的关系

由此可见，市场包含有某种需要的人、满足这种需要的购买能力和购买欲望三个主要因素，即：

市场 = 消费者 + 购买力 + 购买欲望

市场的三个因素缺一不可，只有三者同时具备才能形成现实的市场，才能确定市场的规模和容量。

2. 市场营销

市场营销是指商品经营者以满足目标市场客户需求为核心，以有效实现经营目标为目的，兼顾消费者、企业、社会三个方面的利益，有计划地促进商品交换的行为与过程。市场营销的目的是满足顾客现实的和潜在的需求，其核心是交换。

市场营销的内涵主要包括：市场营销是一种创造性行为，即营销者不但要发现客户的现实需求并满足它，激发客户的潜在需求并满足它，而且自己还要有创新的营销行为；市场营销是一种以自愿交换满足人们需要的行为，营销者与客户自由交换，满足需求；市场营销是一个复杂的系统管理过程，它不仅包括营销者与消费者之间的经济活动、企业的内部经济活动管理、企业与竞争者之间的关系处理，而且还涉及企业、消费者与社会三者的关系管理。

二、市场营销的观念

市场营销观念是企业从事营销活动的指导思想，其核心是企业如何正确处理社会、消费者和企业三者的关系，并以此为指导开展营销活动。

1. 以企业为中心的营销观念

（1）生产观念

生产观念是最传统的指导企业营销活动的观念。生产观念产生于20世纪初，当时社会生产力水平还比较低，商品供不应求，经济呈卖方市场状态。生产观念表现为企业生产什么产品，市场上就销售什么产品。在这种营销观念指导下，企业的经营重点是努力提高生产效率，增加产量，降低成本。因此，生产观念也称为“生产中心论”。

福特汽车公司的生产观念

美国福特汽车公司的创始人福特曾对建议其生产彩色汽车的人说过这样的话：“不管顾客需要什么，我们生产的汽车就是黑的。”因为他认为福特公司的汽车价廉物美，不愁没有销路。然而，当其他公司所生产的彩色汽车开始风靡市场之后，福特才省悟到自己决策的错误。单纯的生产观念给福特公司带来了很大的损失。

（2）产品观念

产品观念认为，消费者最喜欢高质量、多功能和具有某种特色的产品，企业应致力于生产高附加值的产品，并不断加以改进。这种观念产生于市场上产品供不应求的“卖方市场”。最容易产生产品观念的时候，莫过于企业发明一项新产品时，此时企业最容易产生“市场营销近视”，不是把注意力放在市场需求上，而是放在产品上，在市场营销管理中缺乏远见，只看到自己的产品质量好，相信“酒香不怕巷子深”，看不到市场需求在变化，致使企业经营陷入困境。

（3）推销观念

推销观念是许多企业拥有的一种观念。这种观念认为，消费者通常表现出一种购买惰性或抗拒心理，如果顺其自然，消费者一般不会主动购买某一企业的产品，因此，企业必须积极推销和大力促销，以刺激消费者大量购买本企业产品。推销观念在现代市场经济条件下被大量用于那些非渴求产品，即购买者一般不会想到要去购买的产品或服务。许多企业在产品过剩时，也常常奉行推销观念。

案例·实践

皮鞋作坊从生产观念、产品观念到推销观念的转变

改革开放初期，由于那时刚在农村和小城镇兴起穿皮鞋，加上当时国内皮鞋厂不多，于是在湖南某地的一个镇上，许多人学会了一门手工做皮鞋的技艺，小镇上出现了一大批皮鞋厂（小型作坊）。由于市场需求太旺盛，这些皮鞋厂的小老板们根本不愁销路，每天都是在赶订单生产，他们绞尽脑汁的事情就是多招到工人，加班加点生产“老三样”款式的皮鞋，即使产品有瑕疵也会被客户买走。

这样的日子没过几年，小镇上的皮鞋厂越来越多，并且个别皮鞋厂开始使用一些机械来生产，那些质量过硬的厂家依然旺销，而一些做工和用料不过关的厂家开始出现产品积压，老板们的工作重心便自然而然地转到了加强产品质量管理。

坐商的日子很快就到了尽头。到了20世纪90年代初期，随着小镇上各皮鞋厂加工能力的扩大，许多皮鞋厂家都开始出现产品积压现象了，于是，一些稍有实力的厂家便开始大量招聘见多识广的人员担任业务员“走南闯北”，另外有些厂家则开始转行或停产，这个小镇上全民做皮鞋的景象也渐归沉寂。

2. 以消费者需求为中心的营销观念

（1）市场营销观念

市场营销观念是作为对上述观念的挑战而出现的一种新型的企业经营哲学。市场营销观念认为，实现企业各项目标的关键，在于正确确定目标市场的需要和欲望，并且比竞争者更有效地提供目标市场所期望的产品或服务，进而比竞争者更有效地满足目标市场的需要和欲望。

（2）社会市场营销观念

社会市场营销观念是对市场营销观念的修改和补充。它产生于20世纪70年代西方资本主义国家出现能源短缺、通货膨胀、失业增加、环境污染严重、消费者保护运动盛行的形势下。

鉴于市场营销观念回避了消费者需要、消费者利益和长期社会利益之间隐含着冲突的现实，社会市场营销观念提出，企业的任务是确定各个目标市场的需要、欲望和利益，并以保护或提高消费者和社会利益的方式，比竞争者更有效、更有利地向目标市场提供能够满足其需要、欲望和利益的产品或服务。社会市场营销观念要求营销者在制定市场营销策略时要统筹兼顾三方面的利益，即企业利润、消费者需要和社会利益。

农夫山泉的社会市场营销观念

农夫山泉的“喝一瓶水，捐一分钱”活动始于2001年。当年，农夫山泉提出每卖一瓶水就为奥运捐一分钱，以支持北京申奥活动。这项活动获得了良好的社会效益，也成为一个经典的营销案例。

三、市场营销管理的基本过程

市场营销管理的基本过程包括分析市场机会、选择目标市场、设计营销组合、管理营销实施四部分，如图 5-2 所示。

图 5-2　市场营销管理的基本过程

1. 分析市场机会

分析市场机会是营销者通过市场调查，对营销环境进行分析，发现消费者的现实需求和潜在需求，寻找合适的市场机会。

2. 选择目标市场

选择目标市场是营销者通过对市场信息的收集、整理和分析，将消费者市场进行细分，同时分析消费者的购买行为，总结出对本企业不利或有利的条件，选择适合本企业的目标市场。

3. 设计营销组合

营销组合是企业为占领目标市场、满足顾客，经过整合、协调而使用的市场营销手段，主要包括产品策略、价格策略、渠道策略、促销策略等几个方面。

4. 管理营销实施

营销实施包括营销渠道运营、人员推销、广告宣传和公共关系管理等内容。营销实施的目的是建立适应本企业的营销渠道体系，通过人员推销、广告宣传和公共关系管理，在保障企业正常运营的基础上，进一步扩大企业的销售，提升企业的产品形象、品牌形象和社会形象，以实现企业的长远可持续发展。

第二节 营销环境分析

营销环境是指与企业营销活动有潜在关系，直接或间接影响企业营销活动的所有外部力量和相关因素的集合。根据企业营销活动受制于企业环境程度的不同，营销环境可以分为宏观环境和微观环境。宏观环境与微观环境之间的关系如图 5-3 所示。

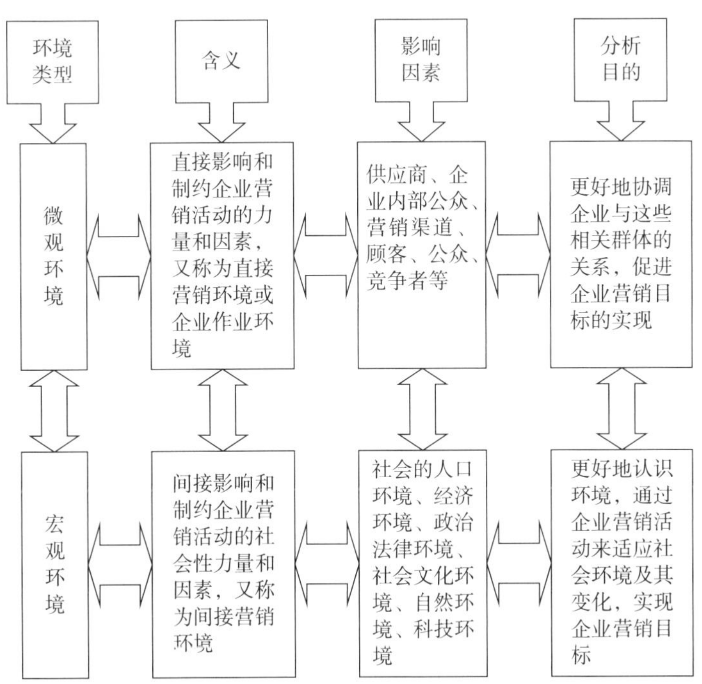

图 5-3 宏观环境与微观环境之间的关系

一、微观环境

1. 供应商

供应商是指为企业生产提供特定的原材料、辅助材料、设备、能源、劳务、资金等资源的供货单位。这些资源的变化直接影响到企业产品的产量、质量以及利润，从而影响企业营销计划的完成和营销目标的实现。

2. 企业内部公众

企业开展营销活动要充分考虑到企业内部公众的环境力量和因素。企业内部各职能部门的工作及其相互之间的协调关系直接影响企业的整个营销活动。

营销部门与企业其他部门之间既有多方面的合作，又经常发生矛盾。由于各部门的工作重点不同，有些矛盾往往难以协调。例如：一个大型企业的生产部门关注的是长期生产的定型产品，要求少品种规格、大批量、标准订单、较稳定的质量管理；而企业的营销部门注重的则是能适应市场变化、满足目标消费者需求的“短、平、快”产品，要求多品种规格、小批量、个性化订单、特殊的质量管理。所以，任何企业在制订营销计划、开展营销活动时，必须协调和处理好各部门之间的关系。

3. 营销渠道

营销渠道是指为企业营销活动提供各种服务的企业或部门的总称。营销渠道的主要功能是帮助企业推广和分销产品。营销渠道有多种类型，具体见表 5–1。

表 5–1　营销渠道的类型

类型	含义	说明
中间商	把产品从生产商移向消费者的中间环节或渠道，主要包括经销商和代理商两大类	能帮助企业寻找目标顾客，为产品打开销路，为顾客创造地点效用、时间效用和持有效用 企业必须与中间商建立良好的合作关系，必须了解和分析其经营活动，并采取一些激励性措施来推动其业务活动的开展
营销服务机构	协助企业确立市场定位，进行市场推广，提供活动便利的机构，主要包括广告公司、广告媒介经营公司、市场调研公司等	企业需要关注、分析这些服务机构，选择最能为本企业提供有效服务的机构
分销机构	帮助企业进行保管、储存、运输的物流机构，包括仓储公司、运输公司等	物流机构是否安全、便利、经济，直接影响企业营销效果
金融机构	企业营销活动中进行资金融通的机构，包括银行、信托公司、保险公司等	为企业营销活动提供融资及保险服务

4. 顾客

顾客是指使用进入消费领域的最终产品或劳务的消费者和生产者，也是企业营销活动的最终目标市场。顾客对企业营销的影响程度远远超过前述的环境因素。顾客是市场的主体，任何企业的产品和服务只有得到了顾客的认可，才能赢得市场，现代营销强调把满足顾客需要作为企业营销管理的核心。

一般来说，顾客来自五种不同的市场：

（1）消费者市场

消费者市场是指为满足个人或家庭消费需求购买产品或服务的个人和家庭。该顾客群是大部分企业所要面对的终端消费群，有着非常重要的作用。

（2）生产者市场

生产者市场是指为生产某种产品或服务而购买其他产品或服务的组织。

（3）中间商市场

中间商市场是指购买产品或服务以转售，从中营利的组织。

（4）政府市场

政府市场是指购买产品或服务，以提供公共服务或把这些产品及服务转让给其他需要者的政府机构。

（5）国际市场

国际市场是指国外购买产品或服务的个人及组织，包括外国消费者、生产商、中间商及政府。

上述五类市场的顾客需求各不相同，要求企业以不同的方式提供产品或服务，他们的需求、欲望和偏好直接影响企业营销目标的实现。为此，企业要注重对顾客进行研究，分析顾客的需求规模、需求结构、需求心理及购买特点，这是企业营销活动的起点。

5. 公众

公众是企业营销活动中与企业营销活动发生关系的各种群体的总称。公众对企业的态度会对企业营销活动产生巨大的影响，它既可以有助于企业树立良好的形象，也可以妨害企业的形象。

6. 竞争者

（1）愿望竞争者

愿望竞争者是指提供不同产品以满足不同需求的竞争者。例如，电视机制造企业的愿望竞争者就是生产冰箱、洗衣机、地毯等不同产品的企业。对于愿望竞争者，大型企业需要考虑开展多元化经营，中小型企业则不需要做过多的考虑。

（2）平行竞争者

平行竞争者是指提供能够满足同一种需求的不同产品的竞争者。例如，自行车、摩托车、小轿车都可作为家庭交通工具，这三种产品的生产企业必定存在一种竞争关系，他们由此而互为平行竞争者。

（3）产品形式竞争者

产品形式竞争者是指生产种类相同但规格、型号、款式不同的产品的竞争者。例如，摩托车根据发动机排量不同分为 50、70、125、750 等型号，两轮摩托车又有两冲程和四冲程之分，生产这些不同产品的企业就互为产品形式竞争者。对于产品形式竞争者，企业要特别注意分析卖方密度、产品差异和市场进入难度三个方面。

（4）品牌竞争者

品牌竞争者是指满足相同需求，生产同类产品，拥有不同品牌，在质量、特色、服务、外观等方面开展竞争的竞争者。例如，索尼、海信、夏普、TCL、创维等众多电视机生产企业之间就互为品牌竞争者。对于品牌竞争者，企业要识别竞争对手的优势和劣势，准确定位，打造自身的品牌特色，树立企业形象。

二、宏观环境

1. 人口环境

人口环境包括人口的性别、年龄、民族、婚姻状况、职业、收入、居住分布等要素。人口是市场的第一要素，对市场影响极大。例如，如果人们收入水平不变，人口越多，则人们对食物、衣服和日用品的需求量也越大，相关市场也就越大。企业应重视对人口环境的研究，密切关注人口特点及其发展动向，及时调整营销策略以适应人口环境的变化。

2. 经济环境

经济环境是影响企业营销活动的主要宏观环境，包括收入状况、消费结构、产业结构、经济增长率、货币供应量、银行利率、政府支出等要素。其中，收入状况和消费结构对企业营销活动影响较大。例如，人均收入或家庭收入的高低会影响很多产品的市场需求。一般来讲，人均收入或家庭收入高，对消费品需求就大，购买力也大；反之，需求就小，购买力也小。

3. 政治法律环境

政治法律环境包括政治环境和法律环境，其中，政治环境引导着企业营销活动的方向，法律环境则为企业规定营销活动的行为准则。

4. 社会文化环境

社会文化环境是指在一定社会形态下形成的价值观念、宗教信仰、风俗习惯、道德规范等的总和。任何企业都处于一定的社会文化环境中，企业营销活动必然受到所在社会文化环境的影响和制约。

5. 自然环境

自然环境是指自然界提供给人类的各种形式的物质，如阳光、空气、水、森林、土地等。自然环境对企业营销活动有直接影响，例如，自然资源短缺，会使许多企业面临原材料价格上涨、生产成本上升的问题。加强环境保护是当今社会的发展趋势，这也对企业的营销活动提出了新的课题。对营销管理者来说，应该关注自然环境的变化趋势，从中分析企业营销的机会和威胁，制定相应的对策。

6. 科技环境

科学技术是社会生产力中最活跃的因素，对企业的营销活动也有很大影响。例如，随着多媒体和网络技术的发展，出现了“电视购物”“网上购物”等新型购买方式，企业进行广告宣传、营销调研和推销商品的方式也随之改变。

三、营销环境的 SWOT 分析

SWOT（Strength，Weakness，Opportunity，Threat）分析，就是结合环境对企业带来的环境机会和环境威胁进行评价，弄清楚企业相对于其他竞争者所具有的相对优势和劣势，帮助企业制定营销战略。它的主要优点是简便、实用而且有效，主要特点是通过对照分析，把外部环境中的有利和不利条件、内部环境中的优势和劣势联系起来。

1. 企业优势和劣势分析

企业优势和劣势分析实质上就是对企业微观环境分析的总结，也称企业实力分析。

优势（Strength）是指企业相对于竞争对手而言所具有的优势，如人力资源、技术、产品以及其他特殊实力。充足的资金来源、高超的经营技巧、良好的企业形象、完善的服务体系、先进的工艺设备、与买方和供应商长期稳定的合作关系、融洽的雇员关系、成本优势等，都可以形成企业优势。

劣势（Weakness）是指影响企业经营效率和效果的不利因素和特征，它们使企业在竞争中处于劣势地位。一个企业潜在的劣势主要表现在以下几方面：缺乏明确的战略导向，设备陈旧，盈利较少甚至亏损，缺乏管理、知识、某些关键的技能，内部管理混乱，研究和开发工作落后，企业形象较差，销售渠道不畅，营销工作不得力，产品质量不高，成本过高，等等。

2. 环境机会和威胁分析

企业的机会与威胁均存在于市场环境中，因此，机会与威胁分析实质上就是对企业外部环境因素的分析。

环境机会（Opportunity）是对企业营销活动富有吸引力的领域，在这一领域里，企业将拥有竞争优势。

环境威胁（Threat）是环境中一种不利的发展趋势所形成的挑战，如果不采取果断的市场营销活动，这种不利趋势将损害企业的市场地位。

某大型物流企业的 SWOT 分析

内部能力 / 外部能力	优势	劣势
	①作为大型国有企业，拥有公众的信任 ②顾客对邮政服务有高度的亲近感与信任感 ③拥有全国范围的物流网络 ④拥有丰富的人力资源 ⑤开发新市场的决策自由度高，进入新市场能力强	①上门取件相关人力及车辆不足 ②市场专家及物流专家不足 ③组织及开支的灵活性不足 ④包裹破损的可能性大 ⑤追踪查询服务不够完善
机会	优势－机会策略	劣势－机会策略
①随着电子商务的普及，社会对寄件的需求增加 ②物流及信息技术等关键技术有飞跃性的发展	①以邮政网络为基础，积极开展送货上门业务 ②进入购物商城配送市场 ③开发灵活运用关键技术的多样化邮政服务	①建立邮寄包裹专门组织 ②建立实物和信息相统一，能够进行实时追踪及物流控制的系统
威胁	优势－威胁策略	劣势－威胁策略
①通信技术发展后，对邮政需求可能减少 ②现有物流企业的设备及代理增加 ③国外物流企业进入国内市场	①灵活运用范围宽广的邮政物流网络，实施积极的市场策略 ②通过与全球性物流企业建立战略联盟，提高国外邮件的收益水平和服务水平 ③为确保开发和维护企业客户，建立积极的市场战略	①根据服务特性，将包裹实物配送与包裹运送网业务分别运营 ②提高现有邮政物流业务的运营效率，提高市场竞争力

第三节 市场细分与定位

一、市场细分

市场细分是指按照消费者的一定特点把整体市场划分成两个或两个以上的子市场，以确定目标市场的过程。一个子市场就是一个细分市场，所有子市场之和便构成了整体市场。一般来说，在每个细分市场内，消费者的需求与爱好是大致相同的，因而企业可以用一种产品和一种营销策略来加以满足。

1. 市场细分的变量

进行市场细分要依据一系列的市场细分变量，包括地理、人口、心理和行为。

（1）地理

地理是大多数企业进行市场细分依据的主要变量。因为地理变量相对于其他变量来说具有较强的稳定性，所以较为容易分析。地理变量主要包括地区、气候、城乡、人口密度等。不同地区的人们会由于传统文化、经济发展的影响而形成不同的消费习惯和偏好，从而产生不同的需求。

某火锅配料公司的市场细分

根据《中国餐饮报告（2017）》的数据，2017 年我国火锅类餐饮的营业额占餐饮行业总营业额的 22%，是我国餐饮第一大品类，也是唯一占到两成以上的品类。同时，火锅也是中餐里分化最明显的，不同地区的人群口味大不一样。某火锅配料公司按照地区不同将堂食火锅配料细分成了港式、蒙式、湘式、川式等不同种类。

（2）人口

人口是市场细分的常用变量，主要包括性别、年龄、家庭收入、家庭生命周期、职业、教育、信仰、种族、国籍及社会阶层等。在诸多人口变量中，家庭与收入又是市场细分的最主要变量，因而任何企业都不能忽视。

例如，某玩具制造厂按年龄与生命周期细分市场，他们特别注意年龄与生命周期，设计了各种玩具满足婴儿从 3 个月至 1 岁之间各个阶段的需要。在婴儿学习摸东西时，该厂提供小童床；当婴儿开始学习抓东西时，该厂提供拨浪鼓等玩具。

（3）消费者心理

心理因素对消费者的影响，往往比其他因素要深远得多，这种心理因素主要包括生活态度、个人特点、消费习惯等。根据消费者的消费目的不同，可将市场分为时髦追求者市场、社会地位追求者市场、朴素追求者市场。根据消费者的性格特点不同，可将市场细分为主动型市场、保守型市场、自主型市场、理智型市场和冒险型市场等。

（4）消费者行为

这是在发达市场经济中进行市场细分时的重要变量。消费者的收入水平越高，这一细分变量的作用就越大。行为变量主要包括购买动机、购买状态、使用程度与使用状况、消费者对市场营销因素的反映等。

例如，购买动机是消费者在购买商品时所追求的经济利益。在购买商品时，有的消费者为了追求经济利益，主要购买低价商品；有的是为了追求社会声誉；有的是为了追求商品的可靠性；还有的则是为了追求商品使用的方便性。所以，企业应根据不同消费者的不同购买动机来细分市场。

2. 市场细分的作用

（1）有利于企业发现新的市场机会，形成新的目标市场

市场机会是指市场上客观存在的未被满足或未能得到充分满足的消费需求。任何企业都不可能满足所有消费者的一切需求，因此市场机会始终是存在的。实行市场细分，研究现有产品对各个细分市场需求的满足程度，有助于企业发现在总体市场研究中难以发现，而企业自身条件又能加以满足的消费需求，从而形成新的目标市场，使企业在竞争中居于领先地位。

（2）有利于企业及时获取反馈信息和调整营销策略

市场细分后，消费者相对集中，企业比较容易了解消费者的意见和要求，信息反馈加快，企业可以及时根据消费需求的变化调整自己的营销策略，提高企业的应变能力。

（3）有利于企业提高经济效益

市场细分对提高企业经济效益的作用主要表现在两个方面：一是在市场细分的基础上，企业可以集中人力、财力、物力，集中优势兵力打歼灭战，取得较理想的经济效益；二是市场细分后，企业可以面对自己的细分市场，生产出适销对路的产品。这样既能满足消费者的需求，又能加速产品的周转，有效地利用企业资源和发挥企业特长，提高产品质量，从而降低企业的生产、销售成本，提高企业的经济效益。

二、目标市场的选择

所谓目标市场是指通过市场细分，被企业所选定的，准备以相应的产品和服务去满足其现实的或潜在的消费需求的细分市场。

可见，市场细分与目标市场的选择有着密切的关系，它们既有联系，又有区别。市场细分是按不同的消费需求划分消费者群体的过程，而目标市场则是企业选择的一个或几个作为自己营销对象的细分市场。因此，市场细分是选择目标市场的前提，选择目标市场则是市场细分的目的。

1. 细分市场评估

企业选择目标市场，必须先对要选择的细分市场进行经营规模和价值的评估，分析研究其市场潜力和经营价值。市场需求容量是指某一商品在某一段时间内，在某一目标市场上的需求总量。市场潜力是在各企业采取各种营销措施后可能增加的潜在需求量。评估内容包括两个方面：一是分析细分市场的有效性，二是匡算细分市场的预期利润。有效的细分市场应具备的特征有以下几点：

（1）可测量性

企业对细分市场的购买力和规模等因素必须能够测定，这样企业才能决定相应的生产规模，进行合理定价，决定渠道类型和促销方式。

（2）可进入性

企业根据拥有的资源，通过市场营销组合能够有效地进入细分市场，并能较好地满足细分市场的需要。

（3）实效性

细分市场要有一定的规模和发展潜力。因为对每个细分市场需要运用不同的营销组合策略，即要求为每个细分市场制定不同的价格，开辟相应的流通渠道，开展不同的促销活动，预算需要花费的费用。如果细分市场规模太小，那么这个细分市场就是无效的。同时，细分市场必须要有一定的发展潜力，否则企业进入细分市场时的投资就得不到补偿。

2. 目标市场营销策略

企业在选择目标市场时，通常有三种策略可供选择。

（1）无差异性目标市场营销策略

所谓无差异性目标市场营销策略，是指将整体市场作为企业的目标市场，推出一种产品，实施一种营销组合，以满足整体市场的某种共同需要。在这种营销策略下，企业把市场作为一个整体，认为所有消费者对某种产品有共同的需求，因而不考虑他们实际存在的需求差异，依靠大众化的分销渠道和相同主题的广告，以求在消费者心目中树立起良好的形象。例如，美国的可口可乐公司在相当长的时间里，由于拥有世界性的专利，仅生产一种口味、一种大小和形状的瓶装可口可乐，连广告词都一样。

这种策略的优点是成本较低。因为生产品种单一，批量大，销售面广，挑选性不强，广告投入少，生产成本和营销成本都比较低。一般来说，在卖方市场条件下，产品供不应求，竞争不激烈，消费者没有特殊要求，在这种情况下，采取这种策略能取得较好的效果。但在买方市场条件下，竞争激烈，这种策略对多数企业都是不适当的。所以，这种策略只适用于少数消费者有共同需要、差异性不大的产品。

（2）差异性目标市场营销策略

所谓差异性目标市场营销策略，是指企业根据各个细分市场中消费需求的差异性，设计生产出目标顾客需要的多种产品，并制定相应的营销策略，去满足不同顾客的需要。

这种策略的优点是：体现了以消费者为中心的经营思想，能满足不同消费者的需要，有利于扩大销售额；企业同时在几个细分市场上占有优势，有利于提高企业声誉，树立良好的企业形象，增进消费者对企业及其产品的信任感，提高市场占有率。它的缺点是：企业资源分散于各细分市场，容易失去竞争优势；产品生产成本和营销成本较高，因采取多种营销组合措施，促销费用较多。

（3）集中性目标市场营销策略

集中性目标市场营销策略也称密集性市场营销策略，它与前两种策略的不同之处，就是不把整个市场作为自己的服务对象，而只是以一个或少数几个细分市场或一个细分市场中的一部分作为目标市场，集中企业营销力量，为该市场开发一种理想的产品，实行专门化生产和销售。采取这种目标市场营销策略的企业，追求的不是在较大市场上占有较少的份额，而是在较小的市场上占有较多份额。企业面对若干细分市场，并不希望尽量占有市场的大部分甚至全部，宁可集中全力争取一个或极少数几个细分市场，而不是将有限的人力、物力、财力分散用在广大的市场上。

三、市场定位

所谓市场定位，就是指企业为某一种产品在市场上树立一个明确的、区别于竞争者产品的、符合消费者需要的地位，也就是企业为某一种产品创造一定的特色，树立良好的市场形象，以满足消费者的特殊需要和爱好。

一般来说，企业在目标市场上并非处于独占地位，还有其他竞争企业在该市场上从事营销活动。因此，企业进行市场定位时，必须了解清楚以下三个问题，才能在该市场上占据一定的位置：一是竞争对手在目标市场已占据的位置，二是顾客需求状况，三是本企业产品（或服务）须具备何种特点。

“天地壹号”的市场细分与定位

2011年，一款名为天地壹号的醋饮料作为新的亮点，首次进入国内饮品排行榜20强。后来，天地壹号一度占据了全国醋饮料市场的半壁江山、广东市场的90%。

天地壹号基于消费者日渐增强的营养和健康意识，将自己定位于佐餐饮料，宣称自己是“第五道菜”（其余“四道菜”是米饭等主食类、鱼虾海鲜等蛋白类、猪牛家禽肉等脂肪类、水果蔬菜类）。这一定位有利于强化消费者对醋饮料养生价值的认识，便于使消费者的偶然性消费意识慢慢转为必然的自主性消费意识，成为天地壹号在市场上攻城略地的利器。

第四节 市场营销组合策略

市场营销组合策略又称为市场营销组合，是指企业在选定的目标市场上综合考虑各种营销因素，运用各种市场营销手段，以销售产品并取得最佳经济效益的策略组合。市场营销的因素有多种分类方法，运用最广泛的是所谓“4P”的分类方法，即把营销因素分成产品（Product）、价格（Price）、分销渠道（Place）、促销（Promotion）四类。

一、价格策略

价格的高低直接决定企业赢利水平，也直接影响消费者的购买行为。价格决策是企业经营决策中最重要的决策之一。所谓价格策略，是指按照产品与市场情况所采用的各种定价方法与策略。科学合理的价格策略可以吸引顾客，刺激购买，扩大产品销路，实现营销目标。

1. 影响价格的主要因素

（1）产品成本

产品成本是定价的基点，如果产品价格低于产品成本，企业就会得不偿失。一般情况下，产品的价格应高于其成本。

（2）市场价格水平

市场价格水平是产品定价的重要依据。当企业产品具有特色或是质量较高的名牌产品时，企业可以把价格定得高于市场价格。出售质量较一般或已过时的产品时，产品定价应低于市场价格。

（3）产品的供需状况

当市场对产品的需求量大于供给量时，产品价格就会出现上升趋势，反之则出现下降的趋势。

（4）竞争对手状况

产品价格的高低是与竞争对手的产品质量、服务和价格综合比较的结果。竞争对手较弱时，企业可以将价格定得较高而获取高额利润。

（5）国家的宏观经济政策

在市场经济条件下，国家不直接干预产品的价格，主要通过宏观经济政策和税收、信贷等经济杠杆来影响价格的形成和变化。

2. 主要的价格策略

（1）新产品定价策略

在企业的新产品上市，而竞争对手还没有同样的产品时，企业有两种价格策略可供选择。一是速取策略，又称为“撇脂策略”。这是一种高价策略，即在新产品投入市场时把价格定得高一些，利用一定时期的垄断地位，及时获取较高的收益。二是渐取策略，又称为“渗透策略”，是指以低价将新产品投放市场，以期在短期内获得比较高的市场占有率的一种策略。

（2）折扣价格策略

折扣价格策略是指非正式的或一定时间内让价的策略。该策略能吸引顾客加大购买量或成为企业的长期顾客，在一定时期内能增加销售额，加速企业资金周转，比降价具有更大的灵活性。

（3）差别定价策略

这种策略是指根据市场需求中的某项差别制定不同的价格，包括顾客细分市场差价、产品式样差价、销售地点差价、销售时间差价、部位差价等。

（4）心理价格策略

心理价格策略是指针对消费者购买心理而实行的各种价格策略的总称，这种策略适用于零售企业。主要形式有零头价格、整数价格、声誉价格、吉利数字价格、招徕价格、习惯价格、分档价格等。

二、产品策略

1. 产品的内涵

在营销学中，产品是能够提供给市场、以满足顾客需要和欲望的任何东西。产品的内涵有五个层次。

（1）核心产品

从购买者角度而言，产品的本质属性即产品的效用或带来的利益。例如，住旅店的顾客购买的是“休息的条件”，服装购买者购买的是“御寒和遮体”。

（2）基础产品

基础产品是指产品满足顾客对核心产品需求的载体。例如，旅店应包括房间、床、卫生间、浴室、衣橱、桌子等。

（3）期望产品

期望产品是指产品满足购买者在基础产品之上希望达到的一组属性和条件，如旅店的安静房间、干净的床、工作台灯、网络端口、通信设备等。

（4）附加产品

附加产品是指产品向购买者额外提供的服务和利益。例如，消费者购买某种设备时，商家额外向消费者提供送货、维修、保证、融资、培训等服务。

（5）潜在产品

潜在产品是指产品向购买者提供的未来附加功能和转换功能。例如，电视机预留出连接家庭影院的功能，航空公司在大型客机上增设购物区等。

上述五个层次构成了整体产品。整体产品是企业贯彻市场营销观念的基础，是企业竞争的手段。

2. 产品生命周期

产品生命周期是指产品从进入市场开始到被市场淘汰为止的全部过程。产品生命周期是企业营销战略的一个重要方面。对产品生命周期的分析，不仅可以帮助企业了解产品的发展趋势，适时开发新产品，而且还可以帮助企业根据产品生命周期不同阶段的特点，制定相应的营销策略，使企业在不断变化的市场中处于有利的竞争地位。它一般分为导入阶段、成长阶段、成熟阶段和衰退阶段，如图 5-4 所示。

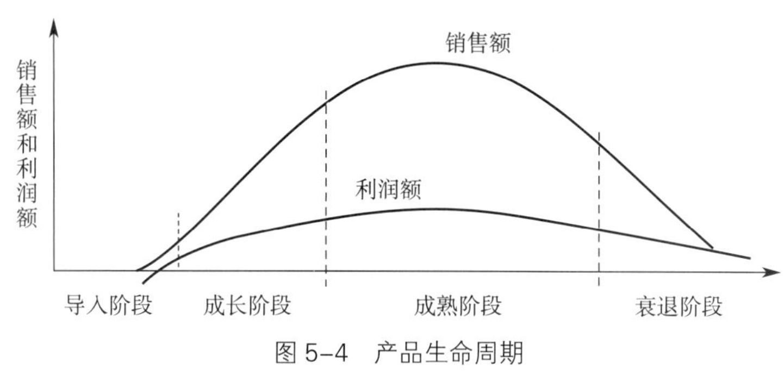

图 5-4　产品生命周期

产品生命周期各阶段的特点如下：

（1）导入阶段的特点

产品在导入阶段销售额缓慢增长。这一阶段，由于产品研发费用和市场开发费用巨大，所以基本上是亏损经营，只是在导入阶段末期，可能产生微量利润。这一阶段，竞争者尚不多，因而竞争并不激烈。

（2）成长阶段的特点

在成长阶段，产品已被市场接受，销售额迅速增长。由于规模效应，产品单位成本费用下降，因而利润大幅度增加。这一阶段，因竞争者逐渐增多，竞争强度开始增大。

（3）成熟阶段的特点

在成熟阶段，产品已被大多数潜在购买者所接受，因而销售额增长缓慢，到成熟阶段末期，销售额甚至会有所下降。这一阶段，由于竞争日益激烈，利润维持不变，甚至有所下降。

（4）衰退阶段的特点

产品进入衰退阶段以后，销售额明显下降。由于销售的减少和竞争中费用的增加，利润进一步减少。

认识产品生命周期各个阶段的特点，是为了有针对性地设计营销策略。

3. 产品生命周期不同阶段的营销策略

（1）导入阶段的营销策略

新产品首次导入市场，销售量处于缓慢增长状态。在这一阶段，企业一方面应尽量完善产品技术性能，尽快形成批量生产能力；另一方面应采取有效的营销组合策略，来缩短产品导入期。企业可以按主要营销变量，如价格、促销、分销渠道和产品质量等分别设计不同水平的营销组合，促使产品迅速进入成长阶段。企业如果将价格和促销作为战略侧重点，则导入阶段的营销策略可以有以下四种组合方式：

1）快速掠取策略。这种策略采用高价格和高促销费用的方式，以求迅速扩大产品的销售量，并获得较高的市场占有率。采用该策略应具备下列市场环境条件：大多数潜在的消费者还不了解这种产品；已经了解该产品的消费者则急于求购，并愿意按高价购买；企业面临着潜在的竞争威胁，需要尽快建立顾客的品牌偏好。这一战略一旦成功，企业可较快收回产品投资，获取较高的市场回报。

2）缓慢掠取策略。这种策略就是以高价格、低促销费用的方式进行经营，获得尽可能高的市场占有率。采用该策略应具备下列市场环境条件：总体市场规模有限；市场上大多数消费者已熟悉该产品；购买者愿意支付高价；竞争者的加入有一定的困难，潜在的竞争威胁不大。

3）快速渗透策略。这种策略是以低价格、高促销费用方式推出产品，以求实现最快的市场渗透和最高的市场份额。采用该策略应具备下列市场环境条件：市场容量大；消费者对产品不熟悉；大多数消费者对价格反应敏感；潜在竞争十分激烈，需抢先建立品牌偏好；产品成本会随产量的增加和生产经验的积累而下降。

4）缓慢渗透策略。这种策略是以低价格、低促销费用的方式推出产品。低价格可以使市场较快地接受该产品；而低促销费用又可以降低营销成本，使企业获取更多的前期利润。采用该策略应具备下列市场环境条件：市场容量大；消费者熟悉该产品；购买者对价格反应敏感；存在一些潜在的竞争者。

（2）成长阶段的营销策略

针对成长阶段的特点，企业为了争取持续和较高的市场增长率，获取更大的市场份额和利润，可以采取以下几种策略：

1）寻找并进入新的细分市场。通过市场细分，找到新的需求尚未满足的子市场，根据需要组织生产，并迅速进入这一新的市场。

2）不断提高产品质量，增加产品式样和特色。增加产品新的功能和花色品种，逐步形成本企业的产品特色，提高产品的竞争能力，以增强产品对消费者的吸引力。

3）在适当的时机降价。企业应在适当的时机降低价格，以刺激那些对价格较为敏感的潜在消费者产生购买动机并采取购买行动，从而扩大产品的市场份额，增加产品的销售量。

4）进入新的分销渠道。当产品进入成长阶段后，为了适应产品扩大销售的需要，企业应开拓市场，这就需要利用更多的中间商，利用原来不曾用过的分销渠道，如利用代理形式的渠道或直接性渠道。

5）适时改变广告目标。企业的广告目标应从介绍及传达产品信息和建立产品知名度，转移到树立品牌形象、突出产品特色优势、说服和引导消费者产生偏好和购买产品上来。

（3）成熟阶段的营销策略

产品进入成熟阶段以后，企业应将营销重点调整为维持并尽量扩大市场份额，战胜竞争对手，采取主动出击的策略，力争延长成熟阶段。为此，对处于成熟阶段的产品应采取以下策略：

1）市场改良。市场改良不改变产品本身，而是通过影响顾客来使产品的销售量得以扩大。其做法一般有：寻找并进入新的细分市场；使市场上未使用过该产品的人接受并使用该产品；吸引并争取竞争对手的顾客；努力发现产品所具有的一些顾客不了解或不知道的新用途，通过介绍和宣传，使顾客增加产品的使用次数和使用量等。

2）产品改良。产品改良是通过产品的改变来满足顾客的不同需要，以扩大产品的销售量，主要有质量改进、特点改进、规格改进、式样改进等。

3）营销组合其他要素的改进。这一类的方式主要有：采用价格竞争手段，向更多的分销网渗透或建立一些新的分销网，有效利用广告等宣传工具，采取更加灵活的促销方式等。

（4）衰退阶段的营销策略

产品进入衰退阶段以后，企业应视其经营实力和产品是否具有市场潜力，对老化的产品及时谨慎地做出放弃或保留的决策。在衰退阶段，企业可以选择的营销策略有：

1）增加投资。即进一步扩大经营规模，使企业在衰退的市场取得支配甚至垄断地位。这一策略比较适于市场占有率最高的企业采用，因为可以抢占某些竞争对手所放弃的市场，或争取其顾客。

2）维持原有的投资水平。即在该行业前景未明确前，采取以静制动的对策。这一策略比较适于市场占有率较高的企业，在产品仍具有一定的潜力或不能清楚地预见市场前景的情况下采用。

3）有选择地减少投资。即放弃某些销售额过小的细分市场，保持或扩大较具潜力的细分市场的规模。这一策略较适于市场占有率居中的企业采用。

4）尽快收回投资。即不考虑具体后果，快速从当前经营的业务或产品中收回资金。这一策略比较适于市场占有率较低的企业。

5）迅速放弃业务。即尽可能采用有利的方式，处理与该产品有关的资产。企业可以采取完全放弃的方式，如把产品完全转让、转移或立即停止生产，也可以采取逐步放弃的方式，如兼并重组，使其占用的资源逐步转向其他产品。

三、促销策略

促销策略是指企业通过公共关系、广告、人员促销和营业推广等各种促销工具，向消费者或用户传递产品信息，引起他们的注意和兴趣，激发他们的购买欲望，形成购买行为，以达到扩大销售的目的的营销策略。常用的促销工具有以下几种：

1. 公共关系

企业在市场营销活动中正确处理企业与社会公众的关系，可以树立企业的良好形象，促进产品销售。常用的公共关系工具主要有以下几种：

（1）公开性资料

包括各类公开性出版物、媒体文章及企业的内部资料等，企业可以依靠这些资料去接近和影响其目标市场。

（2）事件

企业可通过安排一些特殊的事件来吸引公众对其产品和该企业其他事件的注意，包括记者招待会、大型活动开幕式、讨论会、郊游、展览会、竞赛和周年庆祝活动，以及运动会和文化赞助等，以接近和影响其目标市场。

（3）赞助

企业可通过赞助运动、文化活动以及与企业高度相关的公共事业，推广其品牌。

（4）演讲

企业负责人可通过宣传工具答复新闻媒体提出的各种问题，或在行业协会演讲、在交易会上讲话、在销售会议上演说等。

（5）公益活动

企业可以通过向某些公益事业捐赠一定的资金以提升其在公众中的形象。

（6）形象识别媒体

企业应努力创造一个公众能迅速辨认的视觉形象。

2. 广告

广告是由明确的主办人发起，向公众介绍和促销其产品或服务的行为。广告的实质是信息促销。广告促销策略见表 5-2。

表 5-2　广告促销策略

类型	方式	具体方法
馈赠型	赠券广告	利用报纸杂志向顾客赠送购物券，读者可持券到商店优惠购物
	赠品广告	将与促销产品相关的小礼品择机在较大范围内赠送给消费者，从而促进产品销售
	免费试用广告	将产品免费提供给消费者，一般让消费者在公众场合试用，以促进产品宣传
直接型	上门促销广告	促销人员不在大众媒体或商店做广告，而是把产品直接送到用户门口，当面向用户作产品宣传，并给用户一定的附加利益。这种促销广告能及时回答顾客的问题，解除顾客的疑虑，直接推销产品
	邮递促销广告	促销人员将印有“某商品折价优惠”或“请君试用”等字样，并印有图案和价目表等内容的印刷品广告，通过邮局直接寄到用户手中
示范型	名人示范广告	让社会名人替产品做广告
	现场表演示范广告	选择特定时间和地点，结合人们的生活习惯，突出产品的功效，在公开场合示范表演
集中型	—	利用大型庆典活动、公益事业赞助活动、展销会、订货会、文娱活动等，在人群集中的场合进行广告宣传
写意型	—	模拟书画艺术中的“大写意”手法，在广告中着力渲染一种氛围，借助艺术形象的魅力，把人们带到美好的境界之中，从而潜移默化地树立企业形象，或者使人们对某种产品产生好感

3. 人员促销

人员促销是企业销售人员以直接拜访交谈的方式，向顾客传播产品信息的一种促销方式。

许多企业都配备若干促销人员，并负责某一市场或区域的促销工作。人员促销可以用于向中间商推销产品，也可以用于向最终消费者推销产品。人员促销能否获得成功的关键不仅在于产品本身的优势，而且在于促销人员的素质和促销技巧，更在于对报酬与业绩采用更加紧密的联动机制，以调动促销人员的积极性和创造性。

4. 营业推广

营业推广是在特定的目标市场中，为了迅速而有效地刺激需求而采取的一些非周期性的促销活动。例如，免费提供样品、赠送优惠券、商品打折、开展有奖销售等。这种方式常见于各大商场的节假日促销活动。其最大特点就是促销气氛强烈，让顾客有一种“机不可失，时不再来”的紧迫感，从而发生购买行为。这种促销方式的主要目的在于扩大影响，增加销量。但是，如果使用不当，也会产生拉低产品档次或形成促销依赖的不利效果。

四、分销渠道策略

分销渠道即商品流通渠道，是指商品从生产领域向消费领域转移的途径和环节。因为生产者到消费者之间存在着时间、地点、数量及所有权的差异，所以必须通过一定的销售渠道，才能克服这些差异，将商品从生产者手中转移到消费者手中。

1. 分销渠道的基本类型

从商品向消费领域转移的环节来看，分销渠道可以分为直销型、单一环节销售型和多环节销售型，多环节销售型按商品批发站点的多少又可分为三站式、四站式及四站以上式。

（1）直销型

直销型是指生产厂家不经过任何流通企业直接将商品卖给消费者。这种模式多适用于小型生产者或者特种设备制造商。

（2）单一环节销售型

单一环节销售型是指生产商直接将产品卖给零售商，再由零售商分销给消费者。也就是说，在这种商品流通渠道中，只有零售商一个环节。这种分销模式有利于降低成本，保证产品质量，适合于一般日用消费品。

（3）多环节销售型

多环节销售型即商品先要经过批发商到零售商，再由零售商分销到消费者。即至少要经过批发商、零售商两道环节，有时还要经过两个及两个以上的批发商，才能到达零售商。这种分销模式增加了销售层次，也拓宽了市场面，但是由于环节多、储运量大、周转期长，会增加成本，影响销售价格。在产地与销地距离远，而且生产商或消费者分散时，批发商是不可缺少的，而且有时还需要有产地批发商和销地批发商的共同参与。

2. 分销渠道策略

分销渠道策略就是指企业根据产品性质或特点、市场状况及企业自身条件等因素，通过对产品分销渠道的长度、宽度等方面进行分析与评估，所确定的分销方案与措施，分销渠道策略主要有以下三类：

（1）密集型分销渠道策略

密集型分销渠道策略是指企业通过各种途径铺设渠道网络，尽可能地通过许多符合条件的批发商和零售商来销售产品，以方便消费者购买，提高产品的市场占有率。该策略主要适用于经常性购买的日用消费品及通用性强的工业品。

（2）选择型分销渠道策略

选择型分销渠道策略是指企业在某一市场或区域范围内，只选择少数几家最符合条件的经销商来销售企业的产品。这种分销模式尤其适用于选购品、特殊品。企业可以根据实际情况，采用“短而宽”或者“长而窄”的模式。同时，也可以根据销售业绩，对经销商进行适时调整。

（3）独家分销渠道策略

独家分销渠道策略是指企业在一定的市场或区域范围内，只挑选一家中间商销售产品，这是一种窄渠道的分销策略。该策略可以保证产品质量和价格的统一性，但选用这种策略的产品一般要具有一定的品牌或知名度，而且在该地区有足够的销售量，才能吸引中间商的加盟。独家分销常常以地区性的总代理或总经销形式出现。

麦当劳的营销组合策略

麦当劳公司于1991年对此前5年的经营情况（见表5-3）作了仔细的分析与研究，并研究了当时的市场状况以及问题与机会，依此制定了营销目标及营销策略。

表5-3　　麦当劳公司的经营情况（1986—1990）

年份	1986	1987	1988	1989	1990
市场销售总额（亿美元）	440	440	450	470	510
麦当劳的销售额（亿美元）	110	111	114	120	131
麦当劳的市场占有率（%）	25.0	25.2	25.3	25.5	25.7

一、市场状况

1. 市场状况特征

麦当劳发现市场状况特征主要表现为：快餐食品市场增长正趋于缓慢。由于大多数传统街区和郊区市场已经饱和，当时的销售增长主要来自传统销售网点，如机场、火车站、办公大楼等地的网点，表 5–3 中的资料客观反映了麦当劳面临的市场状况。

2. 麦当劳的快餐食品

麦当劳的快餐食品主要集中于汉堡包、鸡肉和番茄酱。市场上，某些新开业的专业化快餐食品销售网点向成年人提供了更多的食谱选择，而成年人这一细分市场又恰恰是麦当劳缺少顾客忠诚度的薄弱环节，从而对麦当劳构成了潜在的威胁。

3. 积极与消极的事件

麦当劳认真总结了当时主要的积极与消极事件。其中，积极事件为：①麦当劳成功地向市场投放了各种沙拉和三明治；②儿童们对麦当劳各种幸福快餐的需求经久不衰，上升趋势仍比较明显；③麦当劳在游乐场的销售仍比较旺盛；④麦当劳的快餐食品仍统治着早餐市场。

消极事件为：①快餐食品市场正处于缓慢增长期；②非儿童市场对麦当劳的忠诚度正在降低；③竞争对手多次向市场投放了各种幸福快餐；④开发新销售网点越来越困难。

4. 困扰麦当劳的两大问题

此外，麦当劳还发现有两大问题困扰其经营发展。首先，原先并不重视的儿童市场保持不变，进一步提高成年人对麦当劳的忠诚度十分困难。公司发现，随着人们年龄的不断增长，消费者对麦当劳的忠诚度在一天天地降低；每当市场上有新的适宜的快餐食品出现，成年人便会很容易转移到新的快餐食品上去，这一切使公司感到非常担心。其次，当开发新销售网点越来越困难时，继续保持市场增长势头则更难。麦当劳的销售网点几乎遍及各地，几乎没有什么新的潜在地点可供麦当劳开设新址；而竞争对手尽管经营不善、市场销售不佳，但却能通过不断增设新网点而使市场份额获得提高。

为维持市场占有率，麦当劳每年花费约 7 亿美元用于广告宣传与促销，虽然能取得效果，但所需费用无法降低。

5. 主要竞争对手的表现

当时，对麦当劳构成主要威胁的竞争对手有汉堡王、温迪、肯德基、帝·莱特斯 4 家快餐商。其中，汉堡王主要模仿麦当劳幸福快餐特色，并以此为基础对早餐食品增加了许多花色品种，受到消费者的普遍欢迎；温迪仍处于追赶阶段；肯德基将三明治放入了原先的食谱之中，并积极开拓市场以扩大市场份额；帝·莱特斯虽不能算作一个竞争对手，但却代表了一种思路，即采用意面加沙拉的食谱，吸引了很多成年人，同时，向成年人提供如他们所宣传的营养午餐，深受成年人的喜爱。

二、问题与机会

1. 主要问题

麦当劳制订营销计划的第二步是分析企业所面临的问题与机会，其中，主要问题为：①顾客对麦当劳新的快餐食品评价不高；②适合公司开设新网点的地点非常少；③帝·莱特斯在经营成年人快餐食品方面具有巨大的潜力；④各个竞争对手已向市场投放越来越多且花色各异的幸福快餐；⑤麦当劳食谱品种增多，然而所需要的合格员工却越来越少，从而使公司向客户提供的产品和服务的质量越来越低，极大地影响了公司在消费者心目中的形象。

2. 市场机会

麦当劳也看到仍存在着许多市场机会，需要认真分析和捕捉。这些机会主要有：①公司刚推出的自由选择的全营养小果子面包得到顾客的积极反馈；②公司在非传统场所开设的网点取得非常大的成功；③公司的地区合作团体和当地的特许经营组织的市场营销能力在同行业中都是最强的；④公司投放市场的各种沙拉条取得一定程度的成功；⑤所有快餐食品销售链的产品都受到营养学专家的批评。

三、营销目标与行动方案

在上述基础上，考虑到当时较为不利的市场环境，从比较保守的角度出发，麦当劳确定了新一年的营销目标与行动方案。

1. 营销目标

公司拟达到的营销目标为：年销售额 120 亿美元，毛利润 43 亿美元，毛利率 36%，净利润 13 亿美元，市场占有率 25.5%。

在之前的 1990 年，公司没有推出一种以占领成年人市场为目标的新产品，也没有如竞争对手那样不断增设销售网点，故公司检讨了自身的市场观念，提出既要满足那些喜欢传统麦当劳快餐食品的顾客群需要，又要使那些喜欢标新立异、期待快餐食品不断变化的客户感到满意。因此，公司在新一年的营销目标中提出，除了额外的全营养小果子面包之外，其他产品均应保持原有的市场占有率。

2. 行动方案

（1）不断加强对儿童食品的市场营销活动，以提高儿童对麦当劳的忠诚度；继续进行幸福快餐的宣传促销活动，继续增加麦当劳游乐场的数目。

（2）以成年人市场为目标市场进行促销活动，并规定每6个月组织一次促销活动；不同地区采用不同的宣传方式，例如，在东北部地区大城市引入全营养小果子面包，并组织广播电台对此产品进行大张旗鼓的广告宣传活动；此外，重新推出快餐食谱，即双层干酪包，这种食品曾经在20世纪60年代非常流行。

（3）继续在非传统设店的场所增加销售网点的数目。

（4）增加适合地区合作团体进行广告宣传的素材量。

（5）增加公司主办的体育活动及其有关活动的次数。

（6）增加发布有关公司快餐食品营养成分及含量的新闻报道，公司高层领导应多露面。

四、营销组合策略

1. 产品策略

麦当劳在快餐食品包装上作了改进，即在外包装上添加了该食品更富营养的信息，在消费者心目中树立“麦当劳快餐食品有益于身体健康的形象”。麦当劳还继续积极地向市场推销幸福快餐食品，并且有计划地逐月对幸福快餐食品稍做更新，对将晚上7点的快餐食谱更改为更具成年人导向的食谱的可能性进行试验。公司组织了由公司员工参加的最佳新型快餐食品建议竞赛，对提出最佳建议的3名参赛者给予免费到欧洲旅游的机会；接着，对上述3个获奖建议再进行市场试验，因为只有能经受市场考验的产品才是有生命力的。

2. 价格策略

麦当劳将儿童游乐场的票价下调了35%，以鼓励更多的消费者积极购买游乐票，使公司的促销活动取得较为满意的结果。

3. 渠道策略

麦当劳还加强了对新快餐食品各种分销策略的市场研究活动。公司对各种新分销点进行必要的市场检验，主要是对销售网点内一半是家庭导向型而另一半是成年人导向型的这种新型店堂布置进行试验；在大城市，对午餐时推车向综合办公大楼运送食品这一想法进行试验。

麦当劳对原先取得成效的销售网点和特许经营店采取了积极的扶持政策，尤其对受允许的外国网点、非传统设店的场所等，尽力提高或恢复各店在街区的活力。

4. 促销策略

（1）广告宣传策略

麦当劳仍花费巨额资金进行广告宣传活动，与最大竞争对手相比，其费用超出对手3~4倍，目的是扩大市场占有率。公司还针对不同的目标群体采用不同的广告策略，例如，在儿童表演电视节目中播放儿童导向型广告，在晚上和周末面向成年人的电视节目中播出成年人导向型广告。

同时，在不同季节进行不同的广告宣传活动。通常，第一季度是做成年人导向型游戏促销广告；第二季度是在目标城市中举办向客户介绍各种全营养小果子面包的宣传活动，而在非目标市场中，则在黄金时段推出宣传产品的广告；第三季度是做另一类成年人导向型广告的宣传活动；第四季度是利用人们的怀旧心理，重新推出双层干酪包的广告宣传活动。

麦当劳支持地区合作团体的广告宣传活动，向这些团体提供了更多的广告宣传素材。同时，还成立了一个由3人组成的非常小组，以帮助地区合作团体设计符合当地需要的促销策略。公司采取的这一举动取得了比较显著的效果。

（2）营业推广策略

通过广告宣传，麦当劳在第一季度提高了销售量，但到了第二季度后，又回到了原有的销售水平，这种昙花一现的现象清楚地说明公司采取的营业推广策略存在缺陷。后经市场调查发现，主要是顾客认为促销活动内容安排太复杂。由此公司感到，游戏促销活动要取得预想的成功，还有许多工作需要做。由于1991年快餐食品厂没有什么新花样，可能会引起销售量下降，所以，促销的重点是力求使这种可能性降到最低，或不出现此现象；同时，在促销活动内容上应力求简化，以便能让更多的人积极参与。

麦当劳在店堂中主要陈设各种宣传用的旗帜和招贴，并为游戏促销活动的有效开展和全营养小果子面包能尽快投放市场提供各种服务。旗帜可由各种色彩、图案、符号、字母等共同组成，招贴主要贴在或放在调味品台子上和堆放废弃物品的容器上。

（3）公共关系策略

麦当劳计划在1991年举办3次大型的公关活动。首先，继续支持在全国范围内的各种竞赛活动，如高尔夫球和网球比赛、高校全美明星赛和管乐吹奏比赛；其次，增加公司总裁在各地区合作团体的露面次数，同时，还对合作团体给予额外的资金赞助；最后，在有关媒体上发表关于全营养小果子面包成分的文章，并与批评麦当劳公司快餐食品缺乏营养的一方展开辩论，以消除消费者由于受到宣传误导而产生的错误观念。

思考与练习

一、名词解释

1. 市场

2. 市场营销

3. 营销环境

4. 市场细分

二、简答题

1. 市场营销的观念有哪几种？请简述其各自内涵。

2. 宏观营销环境的分析包括哪几个方面？

3. 简述产品生命周期不同阶段的营销策略。

三、案例分析

可口可乐（市场领导者）VS 百事可乐（市场挑战者）

挑战途径：攻击市场领先者。

挑战策略：以价格战手段进行的正面进攻＋以抢占细分市场为手段进行的侧翼进攻＋以地理性侧翼进攻将战火蔓延到全世界。

挑战结果：可口可乐与百事可乐的销售额之比从1960年的2.5∶1，缩小到1985年的1.15∶1，可口可乐的领导地位首次出现危机。1985年年底，百事可乐的销售额一度超过了可口可乐，到1986年可口可乐才夺回宝座。

在饮料行业，可口可乐和百事可乐一个是市场领导者，一个是市场挑战者。世界上第一瓶可口可乐于1886年诞生于美国，这种神奇的饮料以它不可抗拒的魅力征服了全世界数以亿计的消费者，成为“世界饮料之王”。作为市场后起者，百事可乐有两种战略可供选择：向市场领导者发起攻击以夺取更多的市场份额——挑战者战略；或者是参与竞争，但不让市场份额发生重大改变——追随者战略。显然，经过近半个世纪的实践，百事可乐深刻地意识到，后一种选择连公司的生存都不能保证，是行不通的。于是，百事可乐向可口可乐发出强有力的挑战，并在与可口可乐的交锋中越战越强，最终形成分庭抗礼之势。

1902年，可口可乐公司投下12万美元广告费，使可口可乐成为最知名的饮料品牌。次年，可口可乐改变配方，除去可卡因成分。由于受到广告宣传与禁酒运动的影响，可口可乐快速成长起来。

1915年，来自印第安纳州特雷霍特市的一位设计师推出了6.5盎司的新瓶装，使可口可乐与其他仿冒品不同。此后，这种新瓶装约生产了60亿瓶。

百事可乐最早是以Me-too（我也是）的策略进入市场，你是可乐，我也是可乐。Coca-Cola的命名是取自可乐倒进杯中时喀啦喀啦的声音，Pepsi-cola的命名则是取自打开瓶盖时可乐冒气“拍嘘”的声音。

1970年后，可口可乐的宣传重点从“清凉顺畅、心旷神怡”的软性诉求，转向“只有可口可乐，才是真正可乐”的防御策略。提醒消费者可口可乐才是真正的创始者，其他都是仿冒品。后来更进一步将Coca-Cola浓缩为Coke一词，以摆脱百事可乐的同名干扰。这样经销商再也不会搞不清是拿可口可乐还是拿百事可乐。这是领导性品牌对付围、追、堵的很好策略。

百事可乐成长于20世纪30年代经济大恐慌时期，消费者对价格很敏感，因此，1934年百事可乐推出了12盎司装的产品，但与6.5盎司可口可乐的价格一样，也是5美分。百事可乐利用电台广告大力宣传“同样价格、双倍享受”的利益点。它成功地击中了目标，尤其是年轻人的市场。

1954年，可口可乐销售量降低了3%，而百事可乐上升了12%。1955年，可口可乐不得不发动反击，同时推出10盎司、12盎司及16盎司的新包装，但为时已晚。可口可乐在20世纪50年代以5∶1的悬殊销售比领先百事可乐，但到20世纪60年代百事可乐已将该比例缩小到2.5∶1。

百事可乐的另一个成功策略是抓住了“新一代”。从1961年开始，百事可乐的广告强调“现在，百事可乐献给自认为年轻的朋友”，1964年喊出“奋起吧！你是百事的一代”，使这个观念更明确并风行，大大影响了年轻人的传统意识。

百事可乐广告的成功，在于充分掌握了年轻人的喜好，使电影和音乐的魅力再现于广告片中。百事可乐先后以“大白鲨”“E.T.”“回到未来”等为主题拍摄饶富趣味的广告片，特别是以流行音乐制作的广告片，引起广大青年人的共鸣。他们还率先聘请知名的摇滚歌星如迈克尔·杰克逊、蒂娜·特纳等作为广告主角，又与电影《迈阿密风云》的男主角约翰逊签约，声势更大。这一系列广告片风靡了全世界，使其品牌形象不断上升，甚至有凌驾于可口可乐之上的趋势。

百事可乐不仅在美国市场上向可口可乐发起了最有力的挑战，还在世界各国市场上向可口可乐挑战。在美国市场，因为可口可乐的先入优势，百事可乐已经没有多少空间。百事可乐的战略就是进入可口可乐尚未进入或进入失败的“真空地带”，当时公司的董事长唐纳德·肯特经过深入考察调研，发现苏联以及亚洲、非洲还有大片空白地区可以有所作为。

在与可口可乐角逐国际市场时，百事可乐很善于依靠政界，抓住特殊机会，利用独特的手段从可口可乐手中抢夺市场。1959 年，美国一个重要的展览会在莫斯科召开，肯特利用他与时任美国副总统尼克松之间的特殊关系，请求尼克松“想办法让苏联领导人喝一杯百事可乐”。于是在各国记者的镜头前，赫鲁晓夫手举百事可乐，露出一脸心满意足的表情。这是最特殊的广告，百事可乐从此在苏联站稳了脚跟。1975 年，百事可乐以帮助苏联销售伏特加酒为条件，取得了在苏联建立生产工厂并垄断其销售的权力，成为美国闯进苏联市场的第一家民间企业。这一事件立即在美国引起轰动，各家主要报刊均以头条报道了这条消息。

在以色列，可口可乐抢占了先机，先行设立了分厂。但是，此举引起了各阿拉伯国家的联合抵制。百事可乐见有机可乘，立即放弃本来得不到好处的以色列，一举占领中东地区其他市场，甚至使百事可乐成了阿拉伯语中的日常词汇。

20 世纪 70 年代末，印度政府宣布，只有可口可乐公布其配方，它才能在印度经销，结果双方无法达成一致，可口可乐撤出了印度。百事可乐乘机以建立粮食加工厂、增加农产品出口等作为交换条件，打入了这个重要的市场。

问题：可口可乐与百事可乐在市场营销中分别运用了哪些营销策略和方法?

part

06

第六章 | 人力资源管理

学习目标

- 了解人力资源管理的含义及主要内容
- 了解人力资源规划的内容和程序
- 了解职务分析的内容和方法
- 了解员工招聘的主要方法和员工培训的内容
- 了解绩效考评的主要方法和薪酬的基本结构

企业最重要的竞争是人才竞争，人才竞争归根结底是人力资源的竞争。随着时代的发展，企业越来越重视人力资源的开发和管理。微软公司的比尔·盖茨说："我所做的最重要的事情就是雇佣优秀的人才。"联想集团的柳传志认为：企业管理者三件最重要的事是搭班子、定战略、带队伍，其中搭班子最重要。

第一节　人力资源管理概述

一、人力资源和人力资源管理的含义

所谓人力资源，是指能推动社会、经济发展的，具有智力和体力劳动能力的人

们的总和。它是包含在人体内的，可通过劳动过程释放出来的一种生产能力，包括数量和质量等方面。人力资源的内涵有以下几个特点：

第一，人力资源的基础性内容是人力质量或个体劳动者，它包括体质、智力、知识、技能、经验以及这些要素与非智力因素构成的个性；第二，人力资源所具有的、从事脑力劳动和体力劳动的劳动能力存在于人体之中，是人力资本的存量，劳动时才能发挥出来；第三，人力资源是一定范围内的人口总体所具有的劳动能力的总和，它是一个宏观概念，又是一个经济学概念；第四，人力资源具有质的规定性和量的规定性，它是数量与质量的统一。

人力资源管理是指企业为了实现既定目标，运用现代管理措施和手段，对人力资源的获取、使用、激励、开发、保持与评价等方面进行管理，以使企业和个人得到发展的一系列活动的总和。

二、人力资源管理的主要内容

人力资源管理工作范围广、内容复杂，按照操作流程可将人力资源管理分为人力资源规划、职务分析与设计、员工招聘、员工培训、员工激励、员工绩效考评、员工薪酬管理、劳动关系管理等。具体内容如下：

1. 人力资源规划

通过规划人力资源，一方面保证人力资源管理活动与企业的战略方向和目标相一致，另一方面保证人力资源管理活动的各个环节互相协调，避免冲突。同时，在实施此规划时还必须在法律和道德观念方面创造一种公平的就业机会。

2. 职务分析与设计

职务分析是指全面收集某一职务的有关信息，对该职务的设置目的、工作内容、承担责任、工作环境和条件，以及员工为担任该职务所需具备的资格条件等方面进行系统分析和研究，并制定出职务说明书和职务规范的一系列工作。

职务分析的核心目的在于为管理提供有关一项职务的全面信息，明确每项职务与组织系统的关系，确认每项职务的特点、行为类型、职责范围。职务设计是要说明职务工作应该如何做，以及如何使员工在工作中得到满足。

职务分析的主要任务是对现有的职务进行分析，从而为其他人力资源管理活动，如选拔、培训、绩效考评及薪酬管理等收集信息。职务分析包括职务描述和职务说明书两大部分。人们常用 6W1H 的职务分析公式进行职务分析。

Who：谁来完成这项工作?

What：这项工作具体做什么事情?

When：工作时间如何安排?

Where：工作地点在哪里?

Why：工作的意义是什么?

Whom：他在为谁服务?

How：他是如何工作的?

在进行职务分析时，选择正确的方法是至关重要的。职务分析的目的与内容不同，职务分析的方法也就不同。常用的职务分析方法有调查问卷法、现场观察法、面谈法、工作日志法等。

职务设计也称工作设计或岗位设计，是指在企业总体的组织机构及各部门的职务职责确定之后所开展的职务设置，并对各职务的工作职责、权力、与其他职务间的工作联系、任职资格要求等做出明确规定，形成职务规范的一系列工作。

3. 员工招聘

员工招聘是指为了实现企业的持续发展，运用科学的方法，采取多种途径，通过各种方式寻找、吸引那些有能力又有兴趣的人员，并经过挑选，将最适合企业的人员引进和予以录用的一系列工作。

4. 员工培训

员工培训是指创造一个环境，使组织成员能够在该环境中获取与其工作相关的知识、技能，培养良好工作态度的一系列工作。企业通过培训提高员工个人及整体的知识、能力和工作绩效，进一步开发员工的潜能，以增强人力资源的贡献率。

5. 员工激励

员工激励是指应用激励理论和方法，对员工的各种需要予以不同程度的满足或限制，引起员工心理状况的变化，以激励员工向企业所期望的目标努力的一系列工作。

6. 员工绩效考评

员工绩效考评（也称人事考核）是指在一定时期内，根据特定的标准和指标，对企业中各工作岗位上的员工在工作行为、工作状态、工作成果及工作潜质等方面进行客观详细的分析总结和考察评价的一系列工作。考评包括考核和评价两个方面。

7. 员工薪酬管理

员工薪酬管理是企业为实现其目标，由人力资源部门负责、其他职能部门参与，涉及薪酬系统的一切管理工作，也是制定出吸引人才、留住人才、鼓舞士气的薪酬体系的过程，它是保证企业生产经营正常运行的必要条件。

薪酬是指员工从企业所得到的金钱和各种形式的服务和福利，它作为企业给员工的劳动回报的一部分，是劳动者应得的劳动报酬。事实上，薪酬是一个比较宽泛的概念，这里所指的薪酬包含了企业付给员工的工资、奖金或奖励、福利等多种形式的报酬。

8. 劳动关系管理

劳动关系管理是指协调和改善企业与员工之间的劳动关系，进行企业文化建设，营造和谐的劳动关系和良好的工作氛围，以保证企业经营活动正常开展的一系列工作。

知识窗

人力资源开发与管理同传统人事管理的区别

传统的人事管理基本上属于行政事务性的工作，而人力资源开发与管理是配合和保障企业总体战略目标实现的活动；前者范围有限，后者重视对人的能力、创造力和智慧潜力的开发和发挥，范围大得多；前者是短期导向，后者要有预见性地管理；前者主要由人事部门职员执行，后者是全员参与；前者很少涉及企业高层战略决策，而后者涉及并直接参与企业的战略决策。

传统的人事管理活动被看作低档次、技术含量低、无需特殊专长、谁都能掌握的工作，人事部门被看作安置其他部门不能胜任的人员的场所，人事工作本身被贬低和轻视。而人力资源开发与管理直接参与企业的决策，关系到企业战略目标的实现，在企业管理中占有非常重要的地位。

第二节　人力资源规划

人力资源规划是一项系统的战略工程，它使企业稳定地拥有一定质量和必要数量的人力。它以全面核查现有人力资源、分析企业内外部条件为基础，是为实现包括个人利益在内的企业目标而拟定的一套包括晋升规划、培训开发规划、人员调配规划、薪酬规划等内容的措施，其目的是求得人员需求量和人员拥有量之间在企业未来发展过程中的互相协调。

一、人力资源规划的内容

人力资源规划有广义与狭义之分。广义的人力资源规划泛指各种类型的人力资源规划，而狭义的人力资源规划是特指企业人员规划。从时限上看，人力资源规划还可以分为中长期计划和按照年度编制的短期计划。

1. 狭义的人力资源规划

（1）人员配备计划

人员配备计划是企业根据内外部环境的变化，采取不同的人员管理措施（如使员工在企业内部合理流动、对岗位进行再设计等）以实现企业内部人员的最佳配置。例如，当企业要求某岗位上的员工同时具备其他岗位的经验或知识时，就可以让此岗位上的员工定期地、有计划地流动，以提高其知识技能，使之成为复合型人才。又如，当企业人员过剩时，企业可以通过岗位再设计对企业中不同岗位的工作量进行调整，以解决工作负荷不均的问题。

（2）人员补充计划

人员补充计划是企业根据实际情况，对企业在中长期内可能产生的空缺职位加以补充的计划，其目的是促进人力资源数量、质量和结构的完整与改善。一般来讲，人员补充计划是和人员晋升计划相联系的，因为晋升计划会造成企业内的职位空缺，并且这种职位空缺会逐级向下移动，最后导致企业对较低层次的人员需求加大。所以，在企业进行招聘录用时，必须预测未来一段时间内（如 1~2 年）员工的使用情况。只有这样，才能制订出合理的人员补充计划，保证企业在每一发展阶段都有适合的员工担任各岗位工作。

（3）人员晋升计划

人员晋升计划是企业根据企业目标、人员需要和内部人员分布状况，制定的员工职务提升方案。对企业来说，要尽量使人与事达到最佳匹配状态，即尽量把有能力的员工配置到能够发挥其最大作用的岗位上去，这对于调动员工的积极性和提高人力资源利用率是非常重要的。职务的晋升，意味着责任与权限的增大，根据赫兹伯格的“激励－保健理论”，责任与权限都属于工作的激励因素，它们的增加对员工的激励作用巨大。因此，人员晋升计划最直接的作用就是激励员工。

2. 广义的人力资源规划

除了上述三种计划之外，广义的人力资源规划还包括以下内容：

（1）人员培训开发计划

人员培训开发计划就是企业通过对员工有计划的培训，引导员工技能发展与企业发展目标相适应的策略方案。人力资源是一种再生性资源，企业可以通过有计划、有步骤、分门别类的培训来开发人力资源的潜力，培养出企业发展所需要的合格人才。企业人员培训的任务就是设计对现有员工的培训方案、生理与心理保健方案。

（2）员工薪酬激励计划

员工薪酬激励计划一方面是为了保证企业人工成本与企业经营状况之间恰当的比例关系，另一方面是为了充分发挥薪酬的激励功能。企业通过薪酬激励计划，可以在预测企业发展的基础上，对未来的薪酬总额进行预测，并设计、制定、实施未来一段时期的激励措施，如选择激励方式，以充分调动员工的工作积极性。

（3）员工职业生涯规划

员工职业生涯规划既是员工个人的发展规划，又是企业人员规划的有机组成部分。企业通过员工职业生涯规划，能够把员工个人的职业发展与企业需要结合起来，从而有效地留住人才，稳定企业的员工队伍。特别是对那些具有相当发展潜力的员工，企业可以通过个人职业生涯规划的制定，激发他们的主观能动性，使其在企业中发挥出更大的作用。

（4）其他计划

其他计划包括劳动组织计划、员工援助计划、劳动卫生与安全生产计划等。

案例·实践

某企业人力资源规划

类别	内容和目标	策略	预算
总体规划	企业绩效、人力资源素质及构成、员工个人发展等	扩大、稳定、收缩、培训、激励等	总预算
员工招聘计划	招聘数量、类型、层次优化人员结构，提高绩效	素质标准、招聘渠道、选拔策略	招聘费用、选拔费用
员工使用计划	部门编制、员工结构优化、绩效改善、合理配置、职务轮换	确定任职资格、职务轮换范围和时间等	根据职位和绩效等确定的员工工资
员工晋升计划	保持后备人员数量，改善人才结构和提高绩效	竞争上岗、择优录用、提升比例、优化选拔标准	职务变动引起的员工报酬变动

续表

类别	内容和目标	策略	预算
员工培训计划	培训数量与类别 改善员工知识技能、提高绩效、改善工作作风等	保证培训时间、跟踪培训效果	培训投入、脱产培训损失
劳动关系计划	降低非期望离职率、改善劳动关系、减少投诉和争议	参与管理、加强沟通、完善合同管理等	法律诉讼费
退休解聘计划	降低人工成本、提高绩效、改善人力资源结构	制定退休政策、解聘程序等	安置费、退休费

3. 人力资源规划的主要作用

（1）有利于企业制定战略目标和发展规划

人力资源规划是企业发展战略的重要组成部分，同时也是实现企业战略目标的重要保证。人力资源规划是企业人力资源管理的基础，它由总体规划和各种业务计划构成，为管理活动（如确定人员的需求量和供给量、调整职务和任务、培训等）提供可靠的信息和依据，进而保证管理活动的有序化。

（2）有利于调动员工的积极性和创造性

人力资源管理要求在实现企业目标的同时，也要满足员工的个人需要（包括物质需要和精神需要），这样才能激发员工持久的积极性。只有进行人力资源规划，员工才能清楚自己可满足的东西和满足的水平。

（3）有利于控制人力资源成本

人力资源规划有助于检查和测算出人力资源规划方案的实施成本及其带来的效益。要通过人力资源规划预测企业人员的变化，调整企业的人员结构，把人工成本控制在合理的水平上，这是企业持续发展不可缺少的环节。

（4）有利于企业的战略发展

人力资源规划是一种战略规划，是为企业未来的生产经营活动预先准备人力，持续和系统地分析企业在不断变化的条件下对人力资源的需求，并开发制定出与企业长期效益相适应的人事制度的过程。它是企业整体规划和财务预算的有机组成部分，因而对人力资源的投入和预测与企业长期规划之间的影响是相互的。

二、人力资源规划程序

1. 收集信息

人力资源信息可以分为内部信息和外部环境信息两大类，其中内部信息包括企业发展战略、经营计划、人力资源现状，外部环境信息包括国家劳动政策法规、宏观经济形势、行业经济形势、技术发展趋势、产品竞争状况、劳动力供求状况、人口与社会发展趋势等。外部环境信息是企业制定人力资源规划的基础，企业制定的任何措施和政策都应与之相适应，否则会影响计划的有效性。

2. 预测人力资源需求与供给

在收集、分析人力资源需求与供给信息的基础上，对人力资源需求与供给进行预测，这一步是人力资源规划中技术性较强的工作，它直接决定规划的效果和成败。

3. 编制人力资源总体规划和业务计划

根据人力资源供求预测的结果，提出人力资源管理的总体规划及各项具体工作的目标、策略等。在制订这些计划的过程中，要注意与其他计划的衔接和平衡。

4. 评价人力资源规划的实施与效果

规划制定出来以后，在实施过程中，要加强监督、检查，发现问题及时纠正。规划实施后，还要对结果进行评价，积累经验，以指导以后的人力资源规划工作。在评价人力资源规划时，需要将执行结果与规划内容进行比较，找出两者的差距，分析差距产生的原因。其原因一般有两种，即规划本身的问题和执行过程中的问题。

三、人力资源需求预测

人力资源需求预测是指以企业的战略目标、规划和工作任务为出发点，综合考虑各种因素的影响，对企业未来人力资源需求的结构、数量、质量和时间进行评估的活动。

1. 影响人力资源需求预测的主要因素

影响人力资源需求预测的因素主要有生产技术、管理方式、消费者购买行为、经济形势、企业市场占有率、政府的产业政策等。

人力资源需求预测需要考虑的变量有：企业的业务量或产量，由此推算出人力需求量；预期的人员流动率，由此推算出企业职位的空缺；提高产品质量或进入新行业的决策对人力的需求；生产技术水平或管理方式的变化对人力资源的影响；企业所拥有的财务资源对人力需求的约束。

2. 人力资源需求预测的主要方法

（1）德尔菲法

该方法通过综合专家们的意见来预测某一领域的发展趋势，比较适合对于人力需求的长期预测。德尔菲法预测企业人力资源需求的基本过程如下：一是选择专家，这里的专家是指对人力资源预测问题有深入了解的人，他们既可以是管理人员，也可以是普通员工；二是将事先设计好的预测系统以信函的形式寄给各位专家，各专家根据自己的知识、经验和所掌握的信息提出自己的观点，并以匿名的形式反馈给主持者；三是主持者将第一轮预测的结果分析、归纳，并将综合结果反馈给各位专家，请他们提出修改意见并说明修改的理由。然后，不断重复以上循环，直至专家们的意见趋向一致。

（2）时间序列法

该方法是一种相对简单的定量预测方法，即根据过去一定时期内员工数量的变动趋势，对未来的人力资源需求做出预测，它比较适合于短期的人力资源预测。由于该方法只是考虑了时间因素，因此，预测结果的准确性受到很大的限制。

（3）回归分析法

该方法根据数学中的回归原理对人力资源需求进行预测。人力资源的需求水平通常总是和某个或某些因素具有高度确定的相关关系，这样就可以用数理统计的方法定量地把这种关系表示出来，从而得到一个回归方程，并用此方程预测人力资源需求量。

（4）转换比率分析法

该方法是用来预测企业辅助或服务人员需求量的一种方法。企业中辅助或服务人员的数量往往与企业一线岗位上的员工数量或企业员工总数有直接关系，因此在预测这些人员的数量时，可以首先预测一线员工的数量，然后根据辅助或服务人员与一线员工的数量关系，预测辅助或服务人员的需求量。

第三节　职务分析与设计

在职务分析中，任务、职位、职务、职务描述、职务规范必须清楚明确。任务是指安排给员工要完成的具体任务；职位是员工要完成的一组任务；职务由许多工作性质、类别、环境相同的职位组成；职务描述是指根据职务分析的结果，以书面形式对职务加以描述并整理成文件的过程，最终表现为职务说明书；职务规范是指任职者担任职务需达到的资格，包括知识、技能、经验、身体健康状况等。

一、职务分析的内容

职务分析的内容包括以下几个方面：

一是工作任务分析。包括工作任务的内容、形式、操作程序和方法、使用的设备工具等。为了实现企业的目标，需要完成许多相互联系的工作任务，将这些工作任务按照分工协作原则落实到个人，就形成了许多不同的职务。

二是工作职责分析。就是对职务权限范围、责任大小、重要程度的分析。某项职务的权限范围越广，对实现企业目标的贡献越大，那么其职责就越重要，职务等级也就越高。

三是职务关系分析。职务关系是某职务与相关的上下左右各职务的协调配合关系。

四是任职者分析。包括对任职者应具有的知识、技能、经验、身体健康状况的分析。

五是劳动环境和劳动条件分析。包括工作环境、工作进度安排、组织文化及激励措施等方面的分析。

二、职务说明书和职务规范

职务分析的结果就是形成职务说明书和职务规范。两者既有联系，又有区别。前者主要说明任职者需要做什么、怎么做以及为什么要做，包括工作内容、承担责任、环境条件，与其他职务的关系以及从业要求等。后者的内容则相对简单，主要说明任职者成功开展工作应具备的资格标准，包括知识、技能、经验和身体健康状况等。从内容上看，职务规范仅是职务说明书的一个重要部分，而且实际工作中，往往以职务说明书涵盖两方面的内容。两者的区别在于：职务说明书是以事为中心，对职务做出全面、系统、深入的描述；职务规范是以人为中心，解决什么样的人员才能胜任该职务的问题。

某公司人力资源主管职务说明书

职务名称：人力资源主管

所属部门：人事行政部

职务代码：HR-02-01

薪资等级：B2

直接上司：人事行政部部长

直接下属：招聘与录用专员、绩效与报酬管理专员、人事信息管理专员、外事专员

工作概要：负责政策制定与员工关系模块，对小组工作全面负责。

主要职责：

（1）负责各种人事政策的制定、分析与改进。

（2）负责人事审批工作。

（3）处理劳资协调和咨询事务，以及劳资纠纷、人事申诉、离职面谈事务。

（4）负责员工合理化建议制度的推行。

（5）与员工进行积极沟通，了解员工工作、生活情况。

（6）负责工作关系分析。

工作环境：办公室，舒适。有时需要出差。

任职资格：

（1）工作经验要求：三年以上管理类工作经验。

（2）专业背景要求：从事人力资源管理工作两年以上。

（3）知识要求：本科以上，有较好的英语听说能力。

（4）年龄要求：40 岁以下。

（5）个人素质要求：积极热情、善于沟通、待人公正、有良好的团队精神。

三、职务分析的方法

1. 现场观察法

该方法是由职务分析人员到工作现场，直接对员工的工作进行观察，并以标准格式记录有关工作的信息。该方法适用于体力劳动者和事务性工作者，如流水线工人、维修工等，但不适用于脑力劳动者和需要处理紧急情况的间歇性工作者，如会计师、工程师等。

由于不同观察对象的工作周期和工作突发性有所不同，现场观察法具体可分为直接观察法、阶段观察法和工作表演法。直接观察法是指职务分析人员直接对员工工作的全过程进行观察的方法，适用于工作周期很短的职务，如保洁员等。阶段观察法是指对具有较长周期性的工作，为了能完整地观察到员工的所有工作，采取分

阶段进行观察的方法，适用于行政文员等。工作表演法是指对工作周期很长和突发性事情较多的职务（如保安等），职务分析人员让相关工作人员表演工作过程，来观察该项工作的方法。

现场观察法的优点是：有关人员可以全面、深入地了解工作的内容、人际关系、不同工作间的关系，以及工作环境、条件等信息。它的缺点是：容易使员工感到自己受到威胁，在内心产生对观察人员的反感。因此，采用现场观察法进行职务分析时，必须得到员工的理解、支持和配合。

2. 面谈法

面谈法是通过与任职者交谈，收集职务分析信息的方法。使用面谈法时，需要以标准的格式记录谈话内容，目的是使提出问题和回答问题限定在与工作直接相关的范围内，同时也便于比较不同员工的反应。面谈法又分为个别员工面谈法、集体面谈法和主管人员面谈法。个别员工面谈法适用于各个员工工作有明显差别、时间又比较充裕的情况。集体面谈法适用于多名员工从事同一职务的情况。主管人员面谈法是同某职务的主管进行面谈，因为主管人员对下属职务有相当了解，采用主管人员面谈法可以减少职务分析的时间。面谈法适用于脑力劳动者，如开发人员、设计人员、高层管理人员等。

面谈法的优点是：可以简便而迅速地收集到职务分析信息，适用面广。由于任职者对工作有长期的亲身体会，而这些体会往往是观察不到的，因此，通过深入的交谈可以提高收集信息的全面性和准确性。它的缺点是：员工容易把职务分析看成变相的绩效考评，这可能会增加员工在面谈中的压力，使之夸大岗位的责任和难度，从而导致信息的失真和扭曲。

3. 调查问卷法

调查问卷法是指员工在一份列有大量问题项的问卷上，将他们工作的任务、相关因素标出或给予排序的方法。一般情况下，调查问卷是高度结构化的，而且面面俱到，被调查者只需把自己的选择标出即可。但也有较具开放性的问卷，即问卷中的问题多为开放性的问题，如“请叙述您的工作职责”。结构化的问卷便于分析、归纳，开放性的问卷便于员工谈出体会。因此，最佳的问卷应以结构化问题为主，并附以开放性问题。调查问卷法适用于脑力劳动者、管理者或工作不确定因素很大的员工，如软件设计人员、行政经理等。

调查问卷法的优点是：可以迅速得到职务分析信息，节省时间和人力；调查表可以在工作之余填写，对工作影响不大；调查的样本可以很大，这在一定程度上是由于调查问卷可以通过计算机处理。它的缺点是：设计理想的调查问卷比较困难，为了提高问卷质量，有时不得不借助外部咨询机构，这必然会增加费用。

4. 工作日志法

工作日志法是让员工将其每天的活动以比较规范的格式记录下来，以供职务分析人员查阅的方法。工作日志可以提供大量的信息，即工作内容、工作效率、例外事项以及工作中涉及的关系等。工作日志不仅可以为职务分析提供信息支持，同时也是员工自我诊断的工具。

5. 参与法

参与法也称职务实践法，是指职务分析人员直接参与到员工的工作中去，扮演员工的工作角色，体会其中的工作信息的方法。

参与法适用于专业性不是很强的职务，它比现场观察法和调查问卷法所获得的信息更加准确，但对职务分析人员提出了较高的参与实际工作的要求。

6. 典型事件法

如果员工太多，或者职务工作内容过于繁杂，可以挑选其中具有代表性的员工和典型的时间段进行观察，从而提高职务分析的效率，这就是典型事件法。

四、职务设计

职务设计与职务分析之间既有共同点也有不同点。共同点是，它们最后都形成职务说明书和职务规范；不同点是，职务分析是对现有职务的客观描述，而职务设计是对现有职务的认定、修改或产生新的职务。职务设计的方法有：

1. 职务专业化

按职务专业化的模式进行职务设计，就是把职务简化为细小的、专业化的任务。职务专业化的基本工具就是时间 – 动作研究，即通过分析工人的手、臂和身体其他部位的动作，以及工具、身体和原材料之间的物理机械关系，寻找工人的身体活动、工具和任务之间的最佳组合，实现工作的简单化和标准化，以使所有工人都能够达到预定的生产水平。

按职务专业化思路设计出来的职务简单、可靠、安全，但由于它很少考虑工人的社会需要和个人成长需要，具有一定的副作用。例如，工作单调乏味，工人对工作产生厌倦和不满情绪，管理者和工人之间产生隔阂，离职率和缺勤率增高，怠工和工作质量下降等。

2. 职务轮换

职务轮换是通过工作调换，实现员工工作多样化，进而避免产生工作厌倦。职务轮换有纵向轮换和横向轮换两种类型。纵向轮换指的是升职或降职。一般谈及职务轮换都指的是横向轮换。横向轮换往往被视为培训的手段，并有计划地进行。

职务轮换的优点是：它拓宽了员工的工作领域，给予他们更多的工作体会，减少了工作的厌倦感和单调感；可以使员工对企业的多种活动有更多的了解，为员工担任更大责任的职务奠定更好的基础；通过轮换，可以有效消除工作中的本位主义，并增进员工对管理制度的理解和认同。它的缺点是：将一名员工从先前的职位转入一个新的职位，有可能导致生产效率的下降。因为，员工在原职位上正在高效率地为企业创造效益，若把他换到新的职位上，不仅由于经验缺乏限制其在新职位上的效率，而且原职位上的效率也会受影响。此外，职务轮换可能使那些偏爱在所选定的职业领域中寻求更大发展的员工的积极性受到影响。

3. 职务扩大化

职务扩大化是指通过增加某职务所完成的不同任务的数量，实现工作多样化。职务扩大化所增加的任务内容往往与员工以前承担的任务内容具有相似性，因此，它只是工作内容水平方向的发展。

职务扩大化只是工作内容水平方向的扩展，不需要员工具备新的技能，因此，它并不能改变员工对工作的枯燥感觉。职务扩大化试图避免职务专业化造成的缺乏多样性，但它并没有给员工的活动提供多少挑战性。

4. 职务丰富化

职务丰富化是指赋予员工更多的责任、自主权和控制权。根据赫兹伯格的“激励－保健”理论，企业政策和薪酬等属于保健因素，如果这方面的因素达到了可以接受的水平，只能使员工没有不满，但产生不了激励作用，而能够产生激励作用的是员工的责任感、成就感和个人成长等因素。因此，给工作中增添激励因子，使工作更有挑战性，使员工更感兴趣，更有自主性，就成为职务丰富化的基本思想。例如，在一般情况下，商店营业员的职责主要是导购，如果还让他们负责处理订货和退货，就是将他们的职务丰富化。

职务丰富化的途径有：一是实行任务合并，即让员工从头到尾完成一项完整的工作，而不是只让他承担其中的某一部分工作；二是建立客户关系，即让员工有和客户接触的机会，出现问题也由其负责处理；三是由员工做规划和控制工作，而不是由别人控制，员工可以自己安排时间进度，自己处理遇到的问题；四是建立畅通的反馈渠道，确保员工能够看到自己为工作和企业做出的贡献，使任职者能迅速地评价和改进工作绩效。

职务丰富化也是有限制的。首先，如果绩效低下不是由于激励不足导致的，而是由于员工能力不够、培训不足或工作环境问题所致，职务丰富化就没有多大意义；其次，职务丰富化必须在经济上、技术上是可行的；最后，员工必须愿意接受具有挑战性的工作。

5. 工作团队

工作团队是由两个或多个员工组成的工作群体，群体成员相互配合以实现特定的共同目标。在工作团队中，每位员工都具有多方面的技能，他们不再从事某一特定的任务。当一系列任务被分派给团队后，由团队决定谁在什么时候做什么工作，并在需要时轮换工作。工作团队可以是长期的，也可以是临时的。工作团队可以有管理者，也可以没有管理者。有管理者的团队，被称为综合性团队；没有管理者的团队，被称为自我管理式工作团队。

第四节　员工招聘与培训

一、员工招聘

1. 招聘渠道

一般来讲，企业的招聘渠道有两种，一是从内部提升，二是从外部招聘。内部提升是从企业内部选拔符合要求的人员来充实空缺职位。这样企业内部将有人从较低的职位被选拔到较高的职位上，担负更重要的工作，拥有更多的权力。外部招聘则是从企业的外部吸引、选择符合要求的求职者，来充实本企业的空缺职位，主要方式有广告招聘、校园招聘、熟人推荐、通过就业服务机构招聘等。

两种招聘渠道各有利弊，应结合企业的实际需要选择。例如，通用电气公司几十年来一直从内部选拔 CEO，而惠普、IBM 公司则从外部招聘 CEO。内部提升和外部招聘的优、缺点对比见表 6–1。

表 6-1 内部提升和外部招聘优、缺点对比

招聘渠道	优点	缺点
内部提升	①人员相互了解，企业对候选人的脾气、秉性、长处和短处比较了解，候选人对空缺的职位也有相当的了解 ②企业内部人员对企业的历史、文化、组织结构、目标、现状和存在的问题有比较充分的了解，有利于被选拔者较快胜任工作 ③有助于调动企业内部人员的积极性和上进心，提高士气和绩效；选拔风险小、成本低	①招聘范围小，仅限于内部，往往会使企业失去得到更优秀人才的机会 ②不利于企业创新，由于企业内部人员习惯了既定的思维和做法，不易产生新的观念和方法，甚至反对变革 ③容易产生攀比的心理，没有获得提拔的人员的积极性可能会受到一定的挫伤
外部招聘	①招聘范围广，人才资源充分，有利于企业招聘到一流的人才 ②可以避免“近亲繁殖”造成的思想僵化，促进企业创新 ③有利于缓解内部竞争者之间的紧张关系	①如果企业内部有可以胜任职位的人选，但是没有从企业内部选拔，可能会使内部人员感到不公，影响他们的士气和积极性 ②外来者对企业的历史、文化、经营状况等问题了解甚少，需要一个熟悉的过程才能胜任工作 ③招聘风险大，成本高

2. 员工招聘的主要方法

为了对应聘人员的知识、能力、职业兴趣和个性特征等多方面内容有一个比较全面、深入的了解，挑选出适合工作岗位的最佳人选，企业都会采用不同形式的考试和测验方法对应聘人员进行测试和评价。

（1）笔试

根据企业或工作的要求，由专业人员设计考卷。测验则需要借助标准化的量表进行。常用的测验包括智力测验和个性测验。

（2）面试

面试是要求应聘者以语言回答主考官的提问，以便了解应聘者的心理素质和潜在能力。根据面试中所提的问题不同，面试大体可分为结构式面试、非结构式面试和混合式面试三种类型。混合式面试是将结构式面试与非结构式面试结合起来，是最常用的一种方法。

（3）情景模拟

情景模拟是指根据应聘者可能担任的职务，编制一套与该职务实际情况相似的测试项目，将应聘者安排在模拟的工作情景中处理各种问题。常用的方法有演讲、公文处理、谈话、无领导小组讨论、角色扮演和即席发言等。

3. 企业员工招聘与录用的流程

员工招聘与录用工作是一个复杂、完整而又连续的程序化操作过程。对于不同企业和不同时期，招聘与录用员工的程序不是固定不变的，各企业可以根据自己空缺职位的具体要求，自行决定适合自身的招聘与录用程序。一般而言，企业员工招聘与录用的流程如图 6–1 所示。

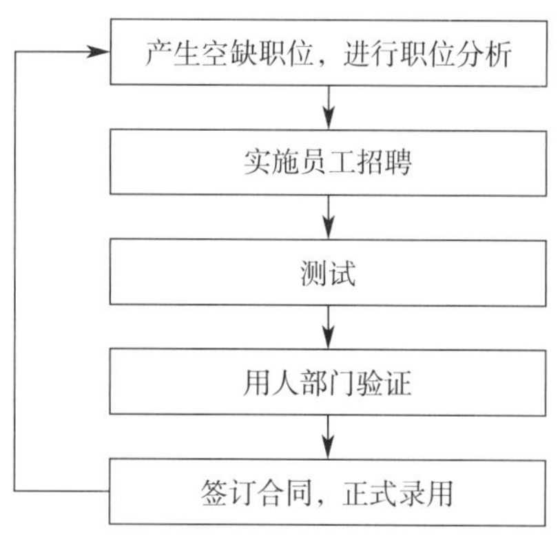

图 6–1　企业员工招聘与录用的流程

企业的员工招聘工作一般分为以下几个阶段：

（1）制订招聘计划阶段

招聘计划是把对空缺职位的描述变成一系列目标，并把这些目标和相关求职者的数量和类型具体化。招聘计划的内容要确定招聘目标、人数和条件，要确定招聘信息发布渠道、招聘组成员、计划招聘方案和时间进度，并提出招聘活动的经费预算，列出详细的招聘活动时间表。而且，有关招聘活动的经费预算要经过领导批准，填写费用申领的单据到企业财务部门领取。

（2）组织实施阶段

组织实施是招聘计划的具体体现，是为实现招聘而采取的具体措施。许多企业都会组成专门班子，并对员工进行必要的培训，使他们掌握招聘政策及必要的招聘技巧。

（3）寻找吸引求职者阶段

这一阶段主要通过发布招聘信息寻找吸引求职者。发布招聘信息的渠道有网络、报纸、杂志、电视、电台和新闻发布会等。

（4）候选人选拔阶段

选拔候选人是招聘过程的一个重要组成部分，其目的是将明显不合乎职位要求的应聘者排除在招聘过程之外。选拔具体包括收集、评价应聘者资料和简历，以及选拔测试、面试、审核资料、体检、试用期考察、正式录用等环节。

在这个阶段，最重要的是明确选拔的依据和标准。德才兼备是企业选拔员工的总体要求。从具体工作来讲，主要包括职位要求和人员自身要求两个方面，见表 6–2。

表 6–2 选拔员工的依据

要求	说明
职位要求	不同的职位对选拔人员具有不同的要求。首先，必须要对职位的性质、工作内容、目的等要素有一个清楚的了解。前面介绍的职务设计、职务分析、职务说明书的内容，是员工选拔的主要依据，它们对职务做了总体的规定
人员自身要求	个人素质非常重要，与一个人的能力大小密切相关，具体包括： ①身体：身体健康、精力旺盛、行动敏捷 ②智力：理解能力、学习能力、判断能力、记忆力较强，思维敏捷、灵活、专注 ③品德：勇于承担责任，忠诚、坚毅、自信，有创造精神 ④文化：具有不限于专业方面的知识，即博学 ⑤专业知识：具有技术和管理方面的专业知识 ⑥经验：具有从实际工作中获得的知识

（5）招聘收尾阶段

一是按照工作流程，要求新聘用人员办理入职手续，填写有关表格，并办理档案转移；二是汇总招聘活动费用的使用情况，整理有关费用的发票，并填写凭证，交领导审核签字后，提交财务部门；三是招聘活动结束后，人力资源管理人员应该总结本次招聘活动的得失，并将招聘活动的过程和结果编写为纪要。

二、员工培训

员工培训通过正式、有组织的教学或实验的方式，使员工在知识、技能和工作态度等方面有所改进。培训是一个学习过程，强调即时成效，以期达到满足企业目前或将来工作需求的目的。

1. 员工培训的作用

员工培训是企业人力资源管理中的重要环节。一方面，企业为了能够在激烈的市场竞争中生存并保持发展，就必须依靠人、造就人、提高人，就必须对员工进行培训；另一方面，员工的自身发展也离不开企业的培养，为了能够在企业中生存，同时为了今后职业生涯的发展，员工必须接受培训。

培训作为企业成功的重要因素，其作用具体表现在：一是提高员工综合素质，提高实际工作绩效；二是提升员工满足程度，增强员工职业获得感；三是建立优秀企业文化，增强企业团队的凝聚力，促进企业持续发展。

2. 员工培训的内容

（1）知识培训

知识培训是对员工认知的培训，其目的是使员工具备完成本职工作所必需的专业知识，了解企业的基本情况，如企业的发展战略、经营状况和规章制度等。

（2）技能培训

技能培训是对员工完成本职工作所必需的技能的培训，如业务操作技能、自我发展技能、人际关系技能、获取信息技能等方面的培训。

（3）态度培训

工作态度是影响员工工作士气和绩效的重要因素，其目的是培养员工对企业的信任感、归属感和荣誉感，帮助员工树立正确的价值观、工作态度，培养团队精神。

3. 员工培训的常见类型

按照员工进入企业的阶段不同，员工培训分为以下三类：

（1）员工岗前培训

企业在新员工定岗之前向其介绍企业的基本情况、规章制度、工作条件及企业发展前景等。

（2）员工上岗培训

企业向员工教授特定岗位操作的基本知识和技能。

（3）员工在岗培训

员工在岗培训包括三个部分：一是员工上岗后进一步深入培训其岗位知识技能、工作态度及职业道德等方面内容；二是不定期地让员工学习、掌握本职位或岗位的最新知识、技能和方法；三是加强员工之间的经验交流与技能切磋，让员工学习他人的长处。

华为新员工入职 180 天培训计划

第 1 阶段：新员工入职，让新员工知道来做什么（3～7 天）

为了让员工在 7 天内快速融入企业，管理者需要做到以下七点：

1. 给新员工安排好座位及办公桌，并介绍位置周围的同事相互认识（每人介绍的时间不少于1分钟)。

2. 开一个欢迎会或举办一次聚餐，介绍部门里的每一个人，使大家相互认识。

3. 直接上司与新员工单独沟通，让其了解公司文化、发展战略等，并了解新员工的专业能力、家庭背景、职业规划与兴趣爱好。

4. 人力资源主管告诉新员工他的工作职责，以及公司为他提供的发展空间和价值。

5. 直接上司明确安排新员工第一周的工作任务，包括每天要做什么、怎么做、与任务相关的同事和部门负责人是谁。

6. 及时发现和纠正新员工日常工作中的问题（不作批评），对其成绩给予及时肯定和表扬（反馈原则），检查每天的工作量及工作难点在哪里。

7. 让老同事（工作1年以上）尽可能多地和新员工接触，消除其陌生感，使其尽快融入团队。关键点是：一起吃午饭，多聊天，不要在第一周谈论过多的工作目标，给予工作压力。

第2阶段：新员工过渡，让他知道如何能做好（8～30天）

在这个阶段，管理者需要用较短的时间帮助新员工完成角色过渡。以下是五个关键方法：

1. 带领新员工熟悉公司环境和各部门人员，让他知道怎么写规范的公司邮件，怎么发传真，电脑出现问题找哪个人，如何接内部电话等。

2. 最好将新员工安排在老同事附近，方便观察和指导。

3. 及时观察新员工情绪状态，做好及时调整，通过询问发现其是否存在压力。

4. 适时把自己的经验教给新员工，让其在实战中学习。学中干、干中学对新员工十分重要。

5. 对新员工的成长和进步及时给予肯定和表扬，并提出更高的期望。

第3阶段：让新员工接受挑战性任务（31～60天）

在适当的时候给予适当的压力，往往能促进新员工的成长，但大部分管理者却选了错误的方式施压。在这一阶段，管理者应该注意以下四点：

1. 了解新员工的长处及技能，对其讲清工作要求及考核要求。

2. 多开展公司团队活动，观察新员工的优点和能力，扬长补短。

3. 新员工犯错误时给其改正的机会，观察其在逆境时的心态和行为，确定其培养价值。

4. 如果新员工实在无法胜任当前岗位，再看他是否适合其他部门，多给他机会。管理者很容易犯的错误就是一刀切，要注意避免这种错误。

第 4 阶段：表扬与鼓励，建立互信关系（61～90 天）

管理者很容易吝啬自己赞美的语言，或者说缺乏表扬的技巧，而表扬一般应遵循及时性、多样性和开放性三个原则。

1. 当新员工完成挑战性任务，或者有进步时，要及时给予表扬和奖励，这就是表扬的及时性。

2. 要进行多种形式的表扬和鼓励，要多给新员工惊喜，多创造不同的惊喜感，这就是表扬的多样性。

3. 要向公司同事展示新员工的成绩，并分享其成功的经验，这就是表扬的开放性。

第 5 阶段：让新员工融入团队主动完成工作（91～120 天）

对于新员工来说，他们不缺乏创造性，更多的时候管理者需要耐心指导他们如何进行团队合作，如何融入团队。在这一阶段，管理者应该注意以下四点：

1. 鼓励新员工积极踊跃参与团队的会议并在会议中发言，当他们发言之后作出表扬和鼓励。

2. 对于激励机制、团队建设、任务流程、个人成长、成功经验要多进行会议商讨和分享。

3. 与新员工探讨任务处理的方法与建议，当他们提出好的建议时要给予肯定。

4. 如果新员工与同事出现矛盾，要及时处理。

第 6 阶段：赋予员工使命，适度授权（121～179 天）

当度过了前 3 个月，一般新员工会转正成为正式员工，随之而来的是新的挑战，当然也可以说是新员工真正成为公司的一份子。此时，管理者的工作重心也要随之转变为以下五点：

1. 帮助新员工重新定位，让他们重新认识工作的价值、意义、责任、使命和高度，找到自己的目标和方向。

2. 时刻关注新员工，当他们有负面情绪时，要及时调整，要对他们的各方面表现有敏感性。当他们问到一些负面、幼稚的问题时，要转换方式，从正面、积极的角度去解答他们的问题，这就是管理者的思维转换。

3. 要让新员工感受到企业的使命，理解和认同公司的愿景和文化价值，要传达公司战略决策和领导意图等，聚焦凝聚人心和文化落地，聚焦方向正确和高效沟通，聚焦绩效提升和职业素质。

4. 当公司有重大事情或者振奋人心的消息时，要引导大家分享，并随时随地激励新员工。

5. 开始适度放权，让新员工自行完成工作，让他们发现工作的价值，享受成果带来的喜悦，但放权不宜一步到位。

第 7 阶段：总结，制订发展计划（180 天）

管理者要帮助新员工做一份正式的评估报告和发展计划，为此，管理者需要与新员工进行绩效面谈。一次完整的绩效面谈一般包括下面六个步骤：

1. 每个季度保证至少 1～2 次 1 个小时以上的正式绩效面谈，面谈之前要做好充分的调查，谈话要有理、有据、有法。

2. 绩效面谈要明确目的，要让新员工开展自评（包括做了哪些事情，有哪些成果，为成果做了什么努力，哪些方面做得不足，哪些方面和其他同事有差距）。

3. 评价包括新员工的工作成果、能力、日常表现，要做到先肯定成果，再说不足，谈不足的时候要有真实的例子做支撑。

4. 协助新员工制定目标和措施，让他做出承诺，并监督检查进度，协助他达成既定的目标。

5. 为新员工争取发展提升的机会，多与他探讨未来的发展，至少每 3～6 个月对员工评估一次。

6. 给予新员工参加培训的机会，鼓励他平时多学习、多看书，指导每个人制订出成长计划，并分阶段去检查。

第 8 阶段：全方位关注员工成长（每一天）

度过了前面几个阶段后，新员工已正式融入公司，但管理者依然要对员工给予全面而持续的关注，并注意以下几点：

1. 关注新员工的生活，当他们遭受打击、生病、失恋、遭遇生活变故、心中迷茫时，要多支持、多沟通、多关心、多帮助。

2. 记住部门每个员工的生日，并在生日当天进行集体庆祝；记录部门大事和员工的每次突破，对他们每次的进步给予表扬、奖励。

3. 每月举办一次各种形式的团队集体活动，增强团队的凝聚力，其中的关键点是坦诚、赏识、感情、诚信。

第五节　绩效考评与薪酬管理

一、绩效考评

1. 绩效的含义

绩效是指员工经过考评并被企业认可的工作行为、表现及结果。对企业而言，绩效就是任务在数量、质量和效率等方面完成的情况；而对员工个人而言，绩效则是上级和同事对自己工作状况的评价。

绩效考评是人力资源管理工作的重要组成部分，绩效考评可以影响和改善员工的工作态度、工作行为和工作结果，可为企业提供员工的个人资料，作为人力资源规划和其他人力资源管理活动的依据，也能帮助推动企业经营目标的实现。

2. 绩效考评的作用

（1）达成目标

绩效考评本质上是一种过程管理，而不仅仅是对结果的考评。它是将中长期的目标分解成年度、季度、月度指标，不断督促员工去实现、完成的过程，有效的绩效考评能帮助企业达成目标。

（2）挖掘问题

绩效考评是一个不断制订计划、执行、改正的循环过程，体现在整个绩效管理环节，包括绩效目标设定、绩效要求完成、绩效实施修正、绩效面谈、绩效改进、再制定目标的循环，这也是一个不断发现问题、改进问题的过程。

（3）分配利益

与利益不挂钩的考评是没有意义的，员工的工资一般都分为固定工资和绩效工资。绩效工资的分配与员工的绩效考评得分息息相关，所以一提到考评，员工的第一反应往往是绩效工资的发放。

（4）促进成长

绩效考评的最终目的并不是单纯地进行利益分配，而是促进企业与员工的共同成长。通过考评发现问题、改进问题，找到差距进行提升，最后实现双赢。

（5）人员激励

将绩效考评与员工聘用、职务升降、培训发展、劳动薪酬相结合，可以使企业激励机制得到充分运用，有利于企业的健康发展，同时也便于员工本人建立不断自我激励的心理模式。

3. 绩效考评的一般流程

一般来说，绩效考评应包括制订考评计划、确定考评方法、收集考评信息、进行绩效评价、反馈考评结果、运用考评结果6个环节，如图6–2所示。

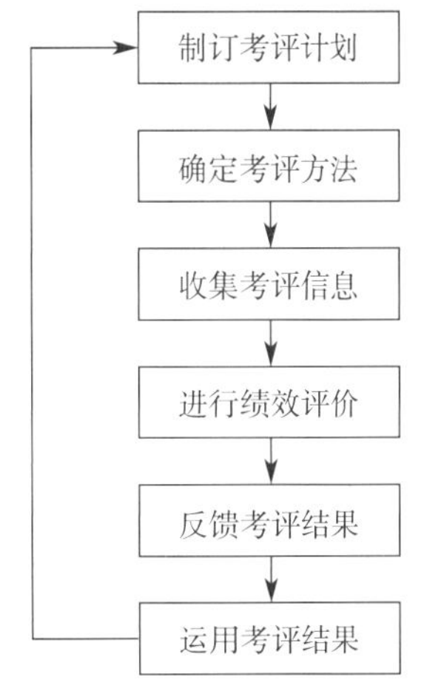

图6–2 绩效考评的一般流程

（1）制订考评计划

绩效考评应该按照计划进行，首先应该确定绩效考评的目的、作用和对象，再根据考评目的和对象选择考评的内容、标准、时间和方法，以及由谁来考评等。

（2）确定考评方法

在实施考评之前应先做好技术准备，包括拟订、审核考评标准，设计考评所用表格，设计选择考评方法及工具，对考评者进行培训等。

（3）收集考评信息

负责考评的人员需要通过多途径、多方法去收集真实有效的信息，为绩效分析提供有价值的依据。

（4）进行绩效评价

对收集来的信息资料进行分析评价，对被考评者作出一个公正的、综合性的评价，给出一个与考评标准相对应的考评结果。

（5）反馈考评结果

考评结果出来以后，及时将结果反馈给员工，使其能更清楚地了解自己的工作情况，并进行反思提高。

（6）运用考评结果

将考评结果运用到人力资源管理活动中去，以使人力资源管理活动有据可依。

汇仁集团季度考评计划

考评的内容涉及工作质量、工作数量、工作效率、独立性、成本意识、原则性、精神面貌、归属感、学习能力、创新精神和沟通能力等方面。参加考评的人员包括总部直属的正式管理人员。各分公司、外设厂和事业部的管理人员和技术人员由其自行考评。年度考评的答卷分为三部分：第一部分由员工自行填写，第二部分由员工的直属上司填写，第三部分由员工的直属上司与员工面谈沟通后填写。季度考评结果分为出色、优良、普通和差等。对出色和优良等级，公司将在季评结果公布的当月分别奖励其当月工资总额的10%和5%；对普通等级不作奖惩；对差等级，将扣发其当月工资总额的5%，连续两次获差等者将予以解聘。

4. 绩效考评的主要方法

根据绩效考评内容不同，可以将绩效考评分为三种基本类型：一是人品基础型考评，主要是评价员工的个性或个人能力、特征等；二是行为基础型考评，主要是评价员工在工作中的行为表现，即工作是如何完成的；三是效果基础型考评，主要是考评产出和贡献，不关心行为和过程。针对不同的考评内容，企业通常采用不同的考评方法，见表6–3。

表6–3　　绩效考评的主要方法

类型	考评方法	说明
综合考评	360° 考评法	在考评时，通过同事评价、上级评价、下级评价、客户评价及自我评价来评定绩效水平
	交替排序法	这是一种较为常用的排序考评法。其原理是：在群体中挑选出绩效表现最好者或者最差者，较之于对其绩效进行绝对考评要简单易行得多。因此，交替排序的操作方法就是分别挑选、排列“最好的”与“最差的”，然后挑选出“第二好的”与“第二差的”，这样依次进行，直到将所有的被考评人员排列完为止，最后以优劣排序作为绩效考评的结果。在操作时也可以使用绩效排序表
	图尺度考评法	这是最简单和运用最普遍的绩效考评技术之一。该方法列举出一些企业所期望的绩效构成要素（质量、数量或个人特征等），还列举出跨越范围很广的工作绩效登记（从“不令人满意”到“非常优异”）。在进行绩效考评时，首先针对每一位员工，从每一项考评要素中找出最能符合其绩效状况的分数，然后将每一位员工所得到的所有分数进行汇总，即得到其最终的绩效考评结果
	配对比较法	这是一种更为细致的通过排序来考评绩效水平的方法，它的特点是每一个考评要素都要进行人员间的两两比较和排序，使得在每一个考评要素下，每一个人都和其他所有人进行比较，所有被考评者在每一个要素下都获得充分的排序
	强制分布法	这是在考评进行之前就设定好绩效水平的分布比例，然后将员工的考评结果放到按分布比例设计的图表里

续表

类型	考评方法	说明
行为考评	关键事件法	这是一种通过员工的关键行为和行为结果来对其进行绩效考评的方法，一般由主管人员将其下属员工在工作中表现出来的非常优秀或者非常糟糕的行为事件记录下来，然后在考评时点上（每季度或者每半年）与该员工进行一次面谈，根据记录共同讨论来对其绩效水平做出考评
	行为锚定等级法	这是基于对被考评者的工作行为进行观察、考评，从而评定绩效水平的方法
	评语法	即在进行考评时，以文字叙述的方式说明事实，包括以往工作取得了哪些明显的成果，工作上存在的不足和缺陷是什么
产出考评	目标管理法	这是目前普遍采用的方法，管理者通常很强调利润、销售额和成本这些能带来成果的结果指标。在目标管理法下，每个员工都有若干具体的指标，这些指标是其工作成功开展的关键目标，它们的完成情况可以作为考评员工的依据
	直接指数法	该方法直接采用客观、实际的标准予以考评，而不是主观、个人的标准，如生产率、旷工记录、营业额等

二、薪酬管理

1. 薪酬的基本结构

薪酬是员工得到的各种货币收入、服务及福利之和。广义的薪酬是指员工从企业获得的全部报酬或奖励，包括经济性和非经济性（如工作满意度、精神奖励、休假、培训和晋升等）薪酬；狭义的薪酬是指员工获得的物质报酬，有货币和非货币两种形式。

薪酬的基本结构包括以下几个方面：

（1）基本工资

基本工资是企业雇员劳动收入的主体部分，也是确定其劳动报酬和福利待遇的基础。其具有常规性、固定性、基准性、综合性等特点。基本工资又分为基础工资、工龄工资、职位工资、技能工资等。我国《劳动法》规定，每个地区都有基本工资最低标准。

（2）加班费

加班费是指员工超出正常工作时间之外所付出劳动的报酬。我国《劳动法》规定，用人单位安排劳动者加班或者延长工作时间，应当按照国家标准支付劳动者加班或者延长工作时间的工资报酬。

（3）福利

员工福利是一种以非现金形式支付给员工的报酬。员工福利从构成上来说可分为法定福利和企业福利。法定福利是国家或地方政府为保障员工利益而强制各类企业支付的报酬，如社会保险；而企业福利是建立在企业自愿基础之上的。员工福利包括医疗、住房、寿险、意外险、财产险、补充养老保险、带薪休假、节日礼物、健康体检、免费午餐、班车、员工文娱活动、休闲旅游等。

（4）学习成长机会

学习成长机会是指企业结合自身目标，有计划、有目的地对员工进行专业知识、业务技能或管理技能的培训，创造环境让员工学习提高专业知识技能或管理技能。

2. 薪酬制度

薪酬制度是企业根据劳动的复杂度、精确度、繁重度，以及能力要求的高低、劳动环境的好坏等因素，将各岗位划分等级以确定薪酬标准的一种制度。不同的行业、不同的企业、不同的岗位，很难制定统一的薪酬标准。就目前来看，最常见的薪酬制度有技术等级薪酬制、职务等级薪酬制、结构薪酬制、提成薪酬制、保密薪酬制和绩效薪酬制等。

（1）技术等级薪酬制

技术等级薪酬制是按照员工所达到的技术等级标准确定薪酬等级，并按照确定的等级薪酬标准计付劳动报酬的一种制度。这种薪酬制度适用于技术复杂程度比较高，员工劳动差别较大，分工较粗，以及工作对象不固定的工种。其特点是：主要以劳动质量来区分劳动差别，进而依此规定薪酬差别。技术等级薪酬制一般由薪酬等级表、技术等级标准和薪酬标准三方面内容组成。

（2）职务等级薪酬制

职务等级薪酬制是政府机关、企事业单位的行政人员和技术人员所实行的按职务等级规定薪酬的制度。这种制度是根据各种职务的重要性、性质、责任大小、技术复杂程度、工作环境等因素，按照职务高低规定统一的薪酬标准。其特点是只对事不对人。

（3）结构薪酬制

结构薪酬制又称为分解薪酬制、组合薪酬制或多元化薪酬制，它根据劳动的多种形式和薪酬的多种职能将薪酬分解为若干个既相互联系又相互独立的部分，通过对各部分薪酬数额的合理确定，形成员工的全部报酬。

（4）提成薪酬制

提成薪酬制是企业实际销售收入减去成本开支和应缴纳的各种税费以后，将剩余部分在企业和员工之间按不同比例分成的制度。它有创值提成、除本分成、保本开支见利分成等形式。这种制度适用于激励销售等情况。

（5）保密薪酬制

保密薪酬制是一种灵活反映企业经营状况和劳务市场供求状况，并对员工薪酬实行保密的一种薪酬制度。其主要内容如下：

1）员工的薪酬额由企业与员工当面协商确定，其薪酬额的高低取决于劳务市场的供求状况和企业经营状况。

2）当某一工种或人员紧缺以及企业的经营状况较好时，薪酬额就上升，反之下降。

3）企业对生产需要的专业技术水平高的员工愿意支付较高的报酬。如果企业不需要该等级专业技术的员工，就可能降级使用或支付较低的报酬。如果员工对所得薪酬不满，可以与企业协商调整。如果双方都同意，可以执行新的薪酬标准。

4）员工可以因薪酬额不符合本人要求而另谋职业，企业也可以因员工无法满足其需要而另行录用其他员工。

5）企业和员工都必须对薪酬严格保密，不得向他人泄露。

（6）绩效薪酬制

绩效薪酬制是以员工的工作业绩为基础支付工资，支付的唯一依据或主要依据是工作成绩或劳动效率。该方法将员工的绩效同制定的标准相比较以确定其绩效工资的额度，形式有计件（工时）工资制、佣金制、年薪制等。绩效薪酬制适用于生产工人、管理人员、销售人员等，特点是员工感觉很公平，激励效果明显，但员工之间合作的积极性不高。

3. 特殊群体的薪酬管理

（1）试用期员工（新员工）的起薪标准

一般来讲，确定起薪标准取决于以下几个因素：首先是员工的生活费用；其次是同地区同行业的市场行情；另外，新员工的实际工作能力也非常重要。在满足前两个条件的基础上，新员工的起薪标准应该尽量与企业同等能力的老员工持平，考虑到工作年限的差异，可以比老员工低一些。

（2）销售人员的薪酬管理

销售人员直接为企业创造利润，然而这支队伍的流动性往往很大。要稳定住优秀的销售人才，建立一个行之有效的薪酬制度是非常必要的。

1）“瓜分制”薪酬制。销售新手一般实行“瓜分制”的薪酬制度，即将全体新任销售人员视为一个整体，确定其收入之和，每个员工的收入按其贡献大小占总贡献的比例计算。

2）混合型薪酬制。大多数的企业对其销售人员采取“底薪＋提成＋奖金”的混合薪酬制。例如，每月 2 000～2 500 元基本工资，销售额提成在 5% 以内。

3）个性薪酬制。对于销售高手来说，多数根据其具体情况制定个性化薪酬。对于销售经理一般采用年薪制。

我国企业对销售人员采取的薪酬制度一般是基本工资加提成。但怎样对工资和提成制定恰当比例组合，是高工资低提成，还是高提成低工资，则要视具体情况而定。由于销售人员薪酬管理的复杂性，在实际工作中，销售人员的薪酬常常是由销售部门确定，而不是由人力资源部门来管理。

（3）专业技术人员的薪酬管理

在对专业技术人员设计薪酬时，可以采用“基本工资＋技能工资”的结构。基本工资可以以学历为标准，且每年有浮动；按照技能等级的不同设定不同的技能等级工资标准，且能进行薪酬调整。

（4）管理人员的薪酬管理

企业一般把高层管理者的工资增长与整个企业的业绩联系在一起；对于中层管理者，企业一般把整个企业的业绩、市场占有率及内部因素综合在一起来考虑薪酬因素；对于基层管理者，薪酬通常依据市场占有率、内部工资关系和个人业绩来确定。

管理者的薪酬通常由基本薪酬、短期奖励或奖金、长期奖励或资本增值计划、行政福利、津贴 5 种基本元素构成。管理者薪酬的设计有时还取决于不断变化的税法。

某公司薪酬管理制度

1. 薪酬分类

公司管理人员月薪酬总额包括月基本工资、浮动工资和津贴，其中月基本工资占工资总额的 40%。公司视经营业绩、员工表现，依据有关制度及政策提供奖金。

2. 薪酬评定

（1）薪酬点设立

公司管理人员根据职务、岗位的不同划分为20个职等，每一职等设10级，职等与职级结合即形成薪酬点，共设200个薪酬点。薪酬点最高为11 019元，最低为100元。各职级所对应的薪酬等级范围是：总裁1 301～2 010元，总经理1 201～1 910元，副总经理1 101～1 710元，总监1 001～1 610元，经理901～1 410元，副经理801～1 210元，科员301～1 010元。

（2）薪酬点分配

薪酬点的分配由薪酬审定小组决定。其分配原则是：新进入公司的员工，原则上要经过试用，试用期满后进行定级，薪酬点原则上每年审核一次。

3. 转正薪酬评定

员工试用期满后，按工作岗位、学历、职称、工龄、工作表现、水平、责任心、实绩确定其薪酬点。非大、中专院校毕业的员工经考核获得国家有关部门颁发的各种职业资格证书、上岗证书、职称证书等，可视同等学力确定薪酬点。

4. 调整薪酬评定

上司对其下属的薪酬点随时有提议降级和升级的权力。调整幅度为：副经理或经理可升降2级，总监可升降4级，副总经理或以上可升降6级。

思考与练习

一、名词解释

1. 人力资源
2. 人力资源规划
3. 职务分析
4. 绩效考评

二、简答题

1. 简述人力资源管理的主要内容。
2. 人力资源规划的程序包括哪几个步骤？

3. 简述职务分析常用的方法及其优、缺点。

4. 简述招聘员工的主要方法。

5. 绩效考评的主要方法有哪些?

6. 简述薪酬的基本结构。

三、案例分析

宝洁公司的校园招聘

宝洁公司完善的选拔制度曾得到商界人士的推崇，尤其值得称道的是宝洁的校园招聘。

1. 校园招聘的具体内容

（1）前期的广告宣传

宝洁会散发招聘手册，招聘手册基本覆盖所有的应届毕业生，以达到广泛吸引应届毕业生参加其校园招聘会的目的。

（2）邀请大学生参加其校园招聘会

宝洁的校园招聘会程序一般如下：领导讲话，播放招聘专题片，公司招聘负责人回答学生问题，发放招聘会介绍材料。公司会派有关部门的高级经理及具有校友身份的公司员工来参加校园招聘会。通过双方面对面的直接沟通和介绍，向学生们展示企业的业务发展情况及独特的企业文化、良好的薪酬福利待遇，并为应聘者勾画出新员工的职业发展前景。通过播放公司招聘专题片、公司管理方面的有关介绍及具有感召力的校友讲述亲身感受，应聘学生在短时间内对宝洁公司有了较为深入的了解和更大的信心。

（3）网上申请

从2002年开始，毕业生可以通过访问宝洁中国网站，点击“网上申请”来填写自传式申请表及回答相关问题。

（4）笔试

笔试主要包括能力测试、英文测试和专业技能测试。能力测试是宝洁对人才素质考查最基本的一关。英文测试主要用于测定申请者的英文能力。专业技能测试并不是每个申请者都必须经过的，它主要用于测试和评价一些有专业限制的部门（如研究开发部、信息技术部和财务部等）的申请者。

（5）面试

宝洁的面试分两轮。第一轮为初试，一名面试经理面试一名求职者，都用中文进行。面试者通常是有一定经验并受过专门面试技能培训的公司部门经理。第二轮面试考官至少为三人，且都由各部门高层经理亲自面试。

2. 校园招聘的后续工作

（1）招聘后期的沟通

对于决定录用的毕业生，宝洁人力资源部会专门派一名员工跟踪服务，定期与被录用者保持沟通和联系，把他当成自己的同事关怀照顾。

（2）招聘工作考评

招聘结束后，公司会对整个招聘过程进行一些量化的考核评估，考评的主要指标包括：是否按要求招聘了一定数量的优秀人才；招聘时间是否及时或被录用者是否准时上岗；被录用者素质是否符合标准；因招聘录用新员工而支付的费用，即每位新员工人均招聘费用是否在原计划之内等。

问题：你认为在宝洁公司的校园招聘过程中，最吸引你或你最认可的是哪一部分，为什么?

part

07

第七章 企业战略管理

学习目标

- 了解战略的含义及其特征
- 了解总体战略的类型，掌握其使用条件和选择方法
- 了解竞争战略的类型，掌握其使用条件和选择方法

战略决定了企业的方向和格局，对企业发展具有决定性影响。了解战略的特征和类型，掌握不同战略的使用方法，对于企业在激烈的市场竞争中不断发展和进步，有着重要的作用。

第一节 企业战略概述

在企业管理中，战略是指在市场经济条件下，企业为了实现长期的生存和发展，在综合分析内部条件和外部环境的基础上，做出的一系列全局性和长远性的谋划和方略。

一、企业战略的特征

1. 全局性

企业战略管理是以企业的全局为对象来确定企业发展的远景和总体目标，规定企业的总体行动原则和总体效益。而生产管理、人力资源管理、市场营销管理主要解决企业某个局部或某个层次的问题。

2. 长远性

企业战略着眼于企业的未来，是为了谋求企业的长远发展和长远利益，而不是眼前的得失。决策者必须具有高瞻远瞩的眼光。

3. 纲领性

企业战略确定的是企业的战略目标和发展方向，是一种概括性和指导性的规定。它不纠缠于细枝末节，而是解决企业发展的主要矛盾。要把它变成现实，需要经过一系列的分析和具体化的管理过程。

4. 竞争性

企业制定战略的主要目的是在激烈的竞争中获得竞争优势，战胜竞争对手，这有别于企业在现状的基础上做出的计划和规划。

5. 风险性

企业战略着眼于未来，而未来充满不确定性，因此，企业战略具有一定的风险性。

6. 观念性

企业战略需要正确的观念做指导，体现人们对客观世界的认识方式。有的企业追求开拓创新，有的企业注重稳定发展，这体现了决策者不同的战略思想。

以上六个方面构成了企业战略的基本特征，只有理解了这六个方面，才能准确把握企业战略的内涵。

二、企业战略的构成要素

企业战略的构成要素包括远景、目标、资源、业务、组织等，其基本关系如图 7-1 所示。

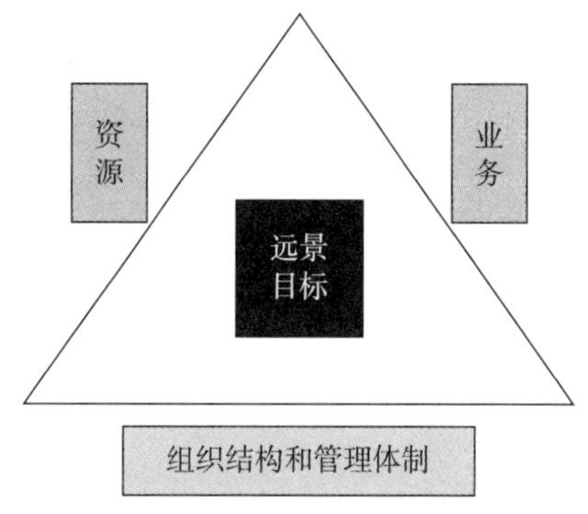

图 7-1　企业战略的构成要素

1. 企业远景

企业远景是指企业希望未来达到的状态，它概括了企业的未来目标、使命及核心价值。企业远景统帅全局，体现了企业的雄心和志向，一般情况下这个志向比较遥远。

20 世纪 20 年代，福特公司提出要使每一户家庭拥有一辆小汽车；20 世纪 90 年代，比尔·盖茨提出要使每张桌子上都有一台电脑，并使用微软的软件；海尔集团提出，要致力于培育国际化的品牌。这些都属于企业远景。强有力的企业远景能够激发员工的事业心和责任感，激励员工为实现这个远景不断努力。

2. 目标

在企业远景确定以后，必须制定一系列有效目标，作为企业通向远景的道路上的一座座里程碑。目标一般包括短期、中期、长期目标，其中短期目标近在眼前，更能有效地激励员工。目标可以是多元化的，企业的目标一般包括利润目标、发展目标、竞争目标、职工福利目标、社会责任目标等。

3. 资源

资源是企业战略的关键要素，决定企业能做什么。资源也是一个企业区别于其他企业的主要标志，是战略的本质，是企业持续具有竞争优势的源泉。企业的资源一般分为两大类：一是有形资源，主要包括现金、房地产、设备和原材料等；二是无形资源，主要包括品牌、技术专长、人力资本、企业文化和组织能力等。

4. 业务

业务是指企业参与竞争的领域，一个企业要进入某个领域，必须考虑该领域的吸引力。决定企业是否进入某个领域的重要法则，是企业是否拥有该领域中能够产生竞争优势的资源，尤其是那些专属性的资源，如技术专长、管理经验、专门人才、营销网络等。

5. 组织

组织是指企业组织结构和管理体制等要素。它们共同形成企业的行政关系，维系企业中各单元之间的一致性。企业组织结构描述的是企业内部分配权力的框架。管理体制是指控制企业内部各业务部门行为的正式制度、政策和程序。

三、企业战略的层次

企业战略包括总体战略、竞争战略和职能战略三个层次，其相互关系如图 7–2 所示。

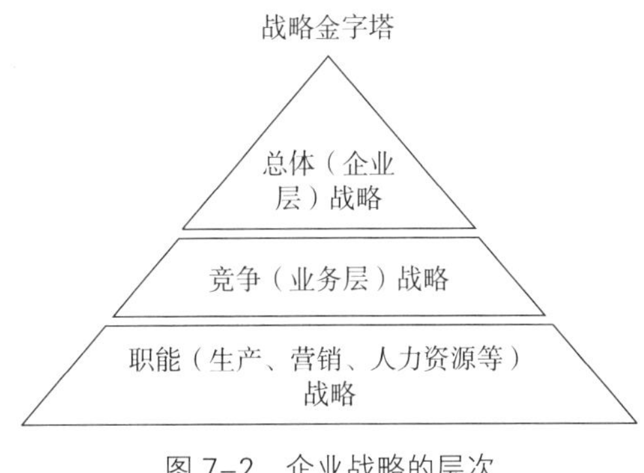

图 7–2 企业战略的层次

1. 总体战略

它是企业战略的第一层次，即企业层战略。它主要解决的问题是：根据企业的内部资源条件和外部环境，确定企业的经营范围；根据企业的业务组合，确定每种业务在企业中的地位，并据此确定各业务之间的资源分配。

2. 竞争战略

它是企业战略的第二层次，即业务层战略。它主要解决的问题是：在选定的每一个业务领域如何开展竞争，以获得超过对手的竞争优势。对于单一经营的中小型企业，总体战略和竞争战略是一致的；对于拥有多个业务、多元化经营的企业，每一个业务部门具有自己的战略。

3. 职能战略

它是企业战略的第三层次，是企业层战略和业务层战略的具体实施。企业职能战略包括市场营销战略、研究与开发战略、生产战略、财务战略、人力资源战略等，与企业层战略和业务层战略保持一致。

三个层次的战略构成战略的金字塔。职能战略是在企业层战略和业务层战略的指导下，对各项具体工作的谋划和制定；而企业层战略和业务层战略，通过职能战略的实施得以实现。如果说企业层战略和业务层战略是“做正确的事”，那么职能战略则是“将事做好”。

阅读材料

秦池的沉浮

秦池的成败得失是我国企业界一个有代表性的例子。以大手笔广告投入为特征的秦池模式在经历了短暂的辉煌后迅速跌落神坛，秦池随后进入动荡的盘整期，进而在市场经济的大海中了无声息。

当初，首夺标王的壮举，曾使名不见经传的秦池酒厂声名鹊起，而二夺标王却将秦池陷入“身死人手为天下笑”的尴尬境地。秦池模式毫无疑问存在着许多问题，但这些问题并不仅仅属于秦池。我国改革开放以来许多市场现象与明星企业的沉浮表明，秦池的问题在成千上万、或大或小的企业中也不同程度地存在着。温故可知新，对于同样处于顺境或逆境中的中小企业来说，通过秦池模式的成败来反省自身的经营战略尤为重要。

1. 秦池集团简史

秦池集团的核心是秦池酒厂，秦池酒厂的前身是1940年成立的山东临朐县酒厂，地处沂蒙山区。至20世纪80年代，秦池酒厂一直为年产量万吨左右的县级小型国有企业。1992年，秦池酒厂亏损额已达几百万元，濒临倒闭。当年年底，王卓胜临危受命，入主秦池。1993年，秦池酒厂采取避实击虚战略，在白酒品牌竞争尚存空隙的东北，运用广告战成功地打开沈阳市场。1994年，秦池进入整个东北市场。1995年，秦池进入西安、兰州、长沙等重点市场，销售额连续3年翻番。1995年年底，秦池组建以秦池酒厂为核心的秦池集团，注册资金1.4亿元，员工5 600多人。

2. 首夺标王

1995年，中国已有酿酒企业37 000家，年产白酒约700万吨。随着买方市场的形成，白酒行业一场空前惨烈的品牌大战即将来临，结果必将是形成名酒大厂垄断的格局。在与历史悠久、品牌地位牢固的大型酿酒企业的竞争中，实力弱小的秦池酒厂很可能被市场吞噬。为了生存和发展，秦池必须在大战来临前找到一条能使品牌知名度迅速提高、企业规模迅速扩大的途径。在反复权衡之后，秦池选择了一条令人望而生畏却充满希望的险道：争夺 1996 年央视广告标王。

根据测算，1996 年央视广告标王的费用在 6 500 万元左右，相当于秦池集团 1995 年全部利税的两倍。这意味着秦池如果达不到预期目的，将遭受灭顶之灾。1995 年 11 月 8 日，秦池以 6 666 万元的天价击败众多竞争对手，以黑马的惊人姿态夺取标王。勇夺标王，是秦池迈出的决定性一步。这一步，给秦池带来难以估量的影响：夺标，使秦池的产品知名度、企业知名度大大增强，使秦池在品牌如林的国内白酒市场上一夜之间鹤立鸡群；进而，在原有市场基础之上，秦池迅速形成了全国市场的宏观格局。大风险为秦池带来大发展，秦池人形象地将其广告支出与销售收入比喻为：每天开出一辆桑塔纳，赚回一辆奥迪。1996 年，秦池销售额增长 500%，利税增长 600%。秦池从一个默默无闻的小酒厂一跃成为全国闻名的大企业。

营销界曾经有一种观点，即批判秦池所走的是数量营销，而非质量营销之路，将秦池的高强度广告策略比作空有激情却缺乏科学性的"农民起义"。这种理论未免太过理想主义。

秦池作为一个小酒厂，面临的首要问题是如何在激烈的竞争中生存。知名度、技术本就不如老牌名酒，如果再把有限的资金用于技术改造、结构调整，那么秦池连生存也无法保证。白酒是一种最终消费品，它的使用效果在很大程度上取决于消费者的心理感受，因而无法明确界定。白酒经常在公关场合消费，酒的名气越大，公关效果越好。因此，通过广告来提高白酒的知名度不仅是必要的，而且是科学的。

3. 二夺标王

在经历了 1996 年的辉煌之后，秦池面临着两种选择。

一是继续争夺标王。据测算，1997 年的央视广告标王费用为 3 亿元左右。这意味着秦池将置身于更大的风险中。二是将精力主要用于调整产品结构，进行技术改造。但由于秦池是靠广告在群众心中打出的品牌，如果不以连续不断的广告来支持，一段时间后，消费者心目中的品牌形象就会为竞争对手所取代。

首夺标王带来的巨大品牌效应与经济效益，使秦池放松了对经营风险的防范。出于对市场形势过于乐观的估计以及对不夺标王会引起市场萎缩的担心，秦池终于决定二度争夺标王。王卓胜带领着秦池人走上了一条不成功便成仁的不归路。1996 年 11 月 8 日，秦池集团以 3.2 亿元的天价卫冕标王。秦池人将此举解释为：秦池每天给中央电视台送去一辆奔驰，秦池则每天往企业里开进一辆加长林肯。但很快秦池人就发现，奔驰开出去了，林肯却没有开进来，甚至连奥迪也不常开进来了。

二夺标王后，舆论对秦池更多的是质疑：秦池准备如何消化巨额广告成本？秦池到底有多大的生产能力？广告费会不会转嫁到消费者身上？敢上九天揽月的秦池显然轻视了新闻媒体的作用，而这恰恰是秦池失败的主要原因之一。为了消化 3.2 亿元的广告开支，秦池 1997 年至少要实现 15 亿元的销售收入，这大约需要生产 6.5 万吨秦池酒，而这些酒需要用 4 万多吨原酒来勾兑。但秦池每年的固态发酵生产能力仅为 3 000 吨。因此，秦池采取了大量收购四川散酒，再加上本厂的原酒、酒精进行勾兑的做法。和传统的固态发酵相比，勾兑法是一种较为先进的工艺，它不仅不影响酒的质量，而且具有出酒快、产量大、粮耗低、产品工艺指标易于控制等优点。早在 20 世纪 80 年代，为了解决白酒生产耗粮过多的问题，白酒行业就已经开始推广“液体发酵”，即用少量经传统酿造法酿制的“固态酒”加入食用酒精勾兑。几个著名的鲁酒品牌，如孔府家酒、孔府宴酒等也都普遍采用了勾兑的工艺。但遗憾的是，秦池人到今天都没有向消费者解释清楚什么是勾兑！以至于报端时常有“秦池把别人的酒拉回家包装包装就往外卖”等对秦池不利的文字。

1997 年年初，某报编发了一组通讯，披露了秦池的实际生产能力及其收购川酒进行勾兑的事实。这组报道被广为转载，引起了舆论与消费者的极大关注。由于秦池没有采取及时的公关措施，过分依赖广告效应，因此，在新闻媒体的一片批评声中，消费者迅速表示出对秦池的不信任。秦池的市场形势开始全面恶化。1997 年，尽管秦池的广告仍旧铺天盖地，但销售收入比上年锐减了 3 亿元，实现利税下降了 6 000 万元。1998 年 1 月至 4 月，秦池酒厂的销售收入同比减少了 5 000 万元。1996 年年底和 1997 年年初加大马力生产的白酒积压了 200 车皮，1997 年全年只卖出一半。

曾经辉煌一时的秦池模式成为转瞬即逝的泡沫。

第二节　总体战略类型及选择

总体战略主要有稳定型战略、发展型战略、收缩型战略三种类型。

一、稳定型战略

所谓稳定型战略，是指受经营环境和内部资源条件的限制，企业在战略期内所期望达到的经营状态基本保持在战略起点水平上的战略。

1. 稳定型战略的特征

一是继续提供相同的产品和服务来满足顾客的需要。

二是保持现有的市场占有率和规模，稳定和巩固现有的市场地位。

三是继续保持过去的经济效益水平，追求稳定的经济效益目标和其他目标。

四是战略期内，每年实现大体相同的增长率，稳步增长。

这种战略并不是不作为，而是企业在保持它原有市场份额的同时，持续服务于同一个市场与同一个用户群体。

2. 稳定型战略的使用条件

一是市场需求及行业结构基本稳定，企业面临的竞争挑战和发展机会较少。

二是企业决策层不希望承担大幅度改变现状带来的风险。

三是战略改变需要改变资源配置格局。

四是发展太快可能导致企业的经营规模和经营领域超出资源和能力的承受范围。

稳定型战略能够保持战略的稳定性，不会因为战略的突然改变而引起在资源分配、组织结构和人员安排上大的变动，有助于企业的平稳发展。但另一方面，企业只求稳定，可能会丧失外部环境出现的一些发展机会，同时助长管理层不思进取、回避风险的意识，对企业的长远发展不利。

二、发展型战略

发展型战略也叫扩张型战略，是在战略起点的基础上，向更高目标发展的总体战略。在企业中，该战略以发展为导向，引导企业不断开发新产品，开拓新市场，采用新的生产方式和管理方式，扩充员工数量，扩大企业规模，提高企业的市场占有率和竞争地位。

1. 发展型战略的主要特征

一是投入大量资源，扩大产销规模，提高产品市场占有率，增强企业的竞争力。

二是不断开发新产品、新工艺和老产品的新用途，不断开拓新市场。

三是不仅适应外部环境的变化，而且试图通过产品创新来引导消费，创造需求。

2. 发展型战略的主要类型

发展型战略主要有集中型战略、一体化战略、多元化战略三种类型。

（1）集中型战略

集中型战略是指集中企业资源，以快于过去的增长速度提升销售额或市场占有率。该战略的主要方式有三种：一是投资兴建，二是进行企业并购，三是进行战略联盟（组建合资企业）。

（2）一体化战略

一体化战略是指在前向和后向两个可能的方向上，扩展企业经营范围的一种发展战略。它包括前向一体化战略和后向一体化战略两种类型。其中，前向一体化战略就是企业对自己所生产产品做进一步深加工，或建立自己的销售组织来销售本企业产品或服务的战略。例如，石油公司对自己开采的石油进行炼化，生产各种石化产品，并自行组织这些产品的销售。后向一体化战略则是指企业生产所需要的原材料和零部件等，由外部供应改为自己生产的战略。例如，钢铁公司自己拥有矿山和炼焦厂，中药企业培育自己的中药材种植基地。

（3）多元化战略

多元化战略可以分为关联多元化战略和无关联多元化战略两种类型。

关联多元化战略也称同心多元化战略，是指进入与现有产品或服务有一定关联的经营领域，进而实现企业规模扩张的战略。例如，海尔原来主要生产冰箱，后来又生产空调，这就属于关联多元化。因为空调和冰箱在核心技术、目标顾客群等方面是相似的。

无关联多元化战略也称复合多元化战略，是指企业进入在技术、市场等方面与现有产品或服务没有任何关联的新领域的战略。例如，海尔本来以经营冰箱等制冷产品为主，后来又进入生物工程、计算机等领域。

三、收缩型战略

收缩型战略的目的与发展型战略相反，它不是规模扩张或扩大经营范围，而是通过收缩或撤退，缩小企业经营范围或经营规模。这种收缩或撤退可由多方面的原因导致。例如：由于经济不景气或行业进入衰退期，市场需求萎缩；或者企业财务状况恶化，难以经营众多业务；或者有更强大的竞争对手进入，导致市场生存空间收缩。收缩型战略主要有抽资转向型战略、调整型战略和放弃型战略三种类型。

1. 抽资转向型战略

该战略是指减少在某一经营领域内的投资，并把节省下来的资金投入其他更需要资金的领域中的战略。采用这种战略的主要目的就是削减费用支出，改善企业总的现金流动状况。一般而言，停止资金投入的业务往往属于需求萎缩的领域，或者企业在该领域内市场占有率低，市场地位不利，而且想要改变这种状况非常困难。投资增加的业务领域往往是企业的主营业务和主要利润来源，并且企业在该领域内处于领先位置，或者是企业认为有较大发展潜力的新领域。

2. 调整型战略

这种战略是企业为扭转不良的财务状况，使企业渡过危机而采取的收缩生产经营规模的战略。企业财务状况不佳的原因可能是原材料价格上升、经济衰退、竞争压力增大，或者决策失误。调整型战略的实现途径包括：一是调整管理人员；二是通过裁减员工以及减少广告投入和促销开支，控制成本；三是出售一些资产；四是加强库存控制；五是催收应收账款。

3. 放弃型战略

当前两种战略都不能奏效时，企业通常会采取放弃型战略，即出售企业的某个营业部门，这个营业部门可能是一个子公司，或一个事业部，或一条生产线。采取该战略的目的就是去掉经营赘瘤，收回资金，集中资源，发展其他业务，或进入更有前途的经营领域。

四、企业总体战略选择

一般情况下，一个企业可供选择的战略往往有多种。企业理想的战略应当能够利用外部市场的机会并规避不利环境的影响；与此同时，它也应当能够充分利用企业内部的资源优势并对自身的弱点加以改进。考虑到理想战略的这些特点，以及企业所面临的多种战略方案，在进行战略选择的过程中，企业应借助一些有效的战略评价方法或工具来达到选择理想战略的目的。战略评价及选择的方法有很多种，其中最著名的是 BCG 矩阵法和麦肯锡矩阵法。

1. BCG 矩阵法

（1）BCG 矩阵法的内容

BCG 矩阵法即增长率 – 市场份额矩阵法，由美国波士顿咨询集团提出。该矩阵根据市场增长率和市场份额两项指标，将企业所有的战略业务单位分为“现金牛”“明星”“问号”及“瘦狗”四大类，并据此制定企业总体战略，如图 7–3 所示。

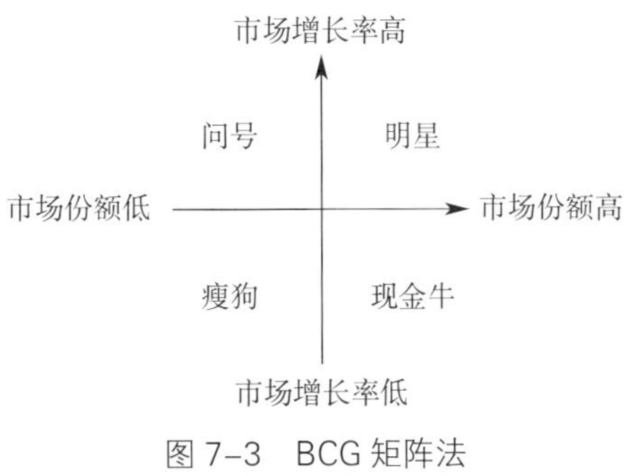

图 7–3　BCG 矩阵法

在 BCG 矩阵中，横轴代表市场份额，它以企业相对于重要竞争对手的相对市场占有率来表示，高市场份额意味着企业在该行业中处于领导地位。相对市场占有率计算公式如下：

$$市场份额（相对市场占有率）= \frac{本企业的销售额}{主要竞争对手的销售额} \times 100\%$$

在 BCG 矩阵中，纵轴代表所在行业的市场增长率。市场增长率代表某行业对企业的吸引力大小。如果市场增长率高，往往意味着企业迅速收回投资的机会大。一般认为，市场增长率达到 10% 以上就算是高市场增长率。市场增长率的计算公式如下：

$$市场增长率 = \frac{当年市场需求 - 去年市场需求}{去年市场需求} \times 100\%$$

根据 BCG 矩阵可以将企业的各种业务分成以下四种：

1）“现金牛”业务。即拥有较高市场份额和较低市场增长率的业务。较高的市场份额意味着可以带来较多的利润和现金，较低的市场增长率则意味着需要较少的资金投入，因此，“现金牛”业务往往能产生大量的现金，并成为整个市场的支柱。

2）“明星”业务。即拥有较高市场份额和较高市场增长率的业务。由于这样的业务成长迅速，所以对现金的需求量大，但是其所处的支配性市场地位却为投资提供了有力的保证。

3）“问号”业务。即市场成长很快但企业所占市场份额相对较低的业务。高速的市场增长需要大量的资金投入，但较低的市场份额意味着只能产生较少的现金。

4）“瘦狗”业务。即那些市场份额和市场增长率都较低的业务。这样的业务既不能产生大量的现金，也不需要追加资金投入。

（2）BCG 矩阵与企业战略选择

企业管理层应当从“现金牛”挤出尽可能多的“奶”（现金流）来，对它的投资也应限制在必要的水平上，即对“现金牛”业务实施稳定型发展战略；把“现金牛”产生的大量资金尽可能多地投资于“明星”业务，以巩固和发展其市场地位，即对“明星”业务实施扩张型发展战略；对于“瘦狗”业务，除非有证据表明其收益率良好，否则应该及早处理变现，即实施收缩型战略；对于“问号”业务，其中一些可以出售，另一些则有可能转变成“明星”业务。但是，“问号”业务风险较大，管理者应当限制此类业务的数量。企业管理者必须使各个象限的业务组合保持平衡，以便使企业在整体上获得快速的成长。

2. 麦肯锡矩阵法

（1）麦肯锡矩阵法的内容

麦肯锡矩阵法又称“行业吸引力－竞争力分析法”，是由麦肯锡咨询公司与美国通用电气公司共同开发的。与 BCG 矩阵的区别在于，它用行业吸引力代替了市场增长率，用企业竞争力代替了市场份额。然后，根据这两个因素，用矩阵确定不同战略业务单位在总体业务组合中的相对位置，并据此制定出不同的战略，如图 7-4 所示。

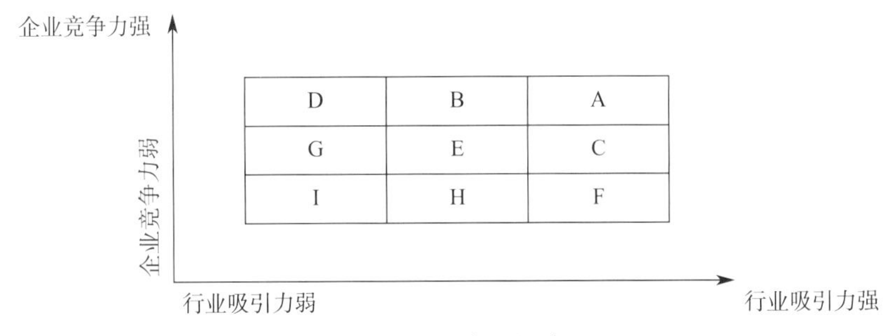

图 7-4　麦肯锡矩阵

在利用麦肯锡矩阵对不同的战略业务单位进行比较时，必须首先分析各业务单位所在行业的吸引力和企业在该行业中的竞争力。评价行业吸引力，可以从以下因素入手：行业总体规模、市场增长速度、产品价格的稳定性、市场的分散程度、行业竞争结构、行业平衡赢利能力、技术环境、经济环境、政治法律环境、人文环境等。行业吸引力按强度可分为强、中、弱三等。

企业在行业中的竞争力也分为强、中、弱三等，其评价因素包括生产规模、市场占有率、赢利水平、技术水平、产品线深度、产品质量、企业在行业中的形象、人员素质等。

（2）麦肯锡矩阵与企业战略选择

将行业吸引力的三个等级与企业竞争力的三个等级进行组合就构成有 9 个象限的矩阵，企业中的每一个战略业务单位都可以放在矩阵中的某一个位置上。总体来说，企业内的战略业务单位可以分为三类，针对三种不同的业务单位，应分别采取不同的战略。

1）处于 A、B、C 象限的战略业务单位。对于这种战略业务单位，企业可以采取发展型战略，即增加更多投资以促进其快速发展。由于这类业务单位所在行业很有前途，企业业务单位又具有较强的竞争地位，因此，应增加投资，以巩固其在行业中的地位。

2）处于D、E、F象限的战略业务单位。对于这类战略业务单位，企业的投资要有选择性，选择其中条件较好的单位进行投资，对其他单位则采取抽资转向或放弃策略。

3）处于G、H、I象限的战略业务单位。这类战略业务单位的吸引力和企业的竞争力都较弱，应采取收缩战略。对于其中还有赢利的业务单位，可以采取逐步回收资金的抽资转向战略，对不赢利又占有资金的业务单位则采取放弃战略。

阅读材料

海尔集团的企业战略

海尔的前身是在1984年引进德国利勃海尔电冰箱生产技术基础上成立的青岛电冰箱总厂，海尔经过多年的发展现已成为国家特大型企业集团。在“名牌战略”思想指导下，海尔集团通过技术开发、精细化管理、资本运作、兼并控股及国际化，从一个曾亏损147万元的集体小厂迅速成长为中国家电著名厂商。海尔从引进冰箱技术起步，依靠成熟的技术和雄厚的实力在世界各地设厂，实现了成套家电技术向欧洲发达国家出口的历史性突破。

海尔发展很快，但也是一步步走过来的。企业发展过程实际上就是战略转移的阶段性连接，旧的战略不断地、不失时机地被新的战略替代，这样才能使企业不断达到新的高度，赢得长期、持续的发展。海尔的成功也正在于这种战略更替和转移的成功，在于它能够根据内外部环境的变化不失时机地以新战略替代旧战略，顺利实现不同阶段上的战略转移。海尔的发展经历了五个阶段：

第一阶段，名牌战略阶段（1984—1991年）。在“要么不干，要干就要争第一”战略理念指引下，海尔专注于冰箱专业化生产，实施“名牌战略”，建立了全面质量管理体系。

第二阶段，多元化战略发展阶段（1991—1998年）。通过企业文化的延伸及“东方亮了再亮西方”的经营理念，海尔成功地实施了多元化战略扩张。所采取的策略就是通过所谓“吃休克鱼”的方法来扩张。当时许多企业硬件比较好但软件不行、管理不行（即所谓“休克鱼”），海尔就积极地把大量这样的企业兼并过来，这些企业被兼并后都扭亏为盈。海尔的做法是：为每个企业派三个人，一个全面负责，一个抓质量，一个抓财务；不是靠投资，而是把海尔的企业文化和管理模式移植过去，使这些企业起死回生。

第三阶段，国际化战略阶段（1998—2005 年）。海尔实施以创国际名牌为导向的国际化战略，其基本战略理念就是“从海尔的国际化到国际化的海尔”。所谓“海尔的国际化”，简单地说就是要求海尔产品的各项标准都能符合国际标准的要求，而且要成为中国很有竞争力的出口商，增强产品在国际上的竞争力，要打造海尔的国际品牌；而“国际化的海尔”则是要在世界各地建设海尔，不再是一个从中国出来的海尔产品，而是在当地设计、当地生产、当地制造、当地销售的产品，这也就是“本土化的海尔”。这是个非常大的战略转折，而且对海尔来说也是个很大的新考验。在国际化战略阶段，海尔的策略原则是“先难后易”，国内有很多企业是以“出口创汇”为导向，而海尔则是以“出口创牌”为导向，并取得了成功。

第四阶段，全球化品牌战略阶段（2005—2012 年）。全球化和国际化的不同在于其核心是本土化，海尔的战略是创立自主品牌，在海外建立本土化设计、本土化制造、本土化营销的“三位一体”中心，其员工都是当地人，从而更了解当地用户的个性化需求。通过成功实现跨文化融合，海尔在国际市场真正“走出去”，成为全球化家电品牌。《华尔街日报》形容海尔创造了“中国惊喜”。

第五阶段，网络化战略阶段（2012 年后）。海尔从传统的制造家电产品的企业转型为面向全社会孵化创客的平台，致力于成为互联网企业，颠覆传统企业自成体系的封闭系统，变成网络互联中的节点，建立以用户为中心的共创共赢生态圈，互联互通各种资源，打造共创共赢新平台，实现攸关各方的共赢增值。

多年来，海尔致力于成为“时代的企业”，每个阶段的战略主题都是随着时代变化而不断变化的，但管理创新贯穿了海尔的发展历程，其中重点关注的就是“人”的价值实现，使员工在为用户创造价值的同时实现自身的价值。

第三节　竞争战略制定

在竞争战略的设计和选择方面，美国“竞争战略之父”迈克尔·波特在他的产业竞争结构分析框架上，提出了三种可供选择的一般竞争战略，即成本领先战略、差异化战略和集中化战略。

一、成本领先战略

如果企业打算成为产业中的低成本生产商，那么它实施的就是成本领先战略。

企业取得成本领先优势的途径包括追求规模经济、技术创新、低工资、优惠的原材料来源和高效率的运作等。实施该战略要求企业必须在加强成本控制方面做大量工作，必须先成为成本领先者，而不仅仅是降低了成本或成本较低。成本领先战略的基石是规模效益和经验效益，它要求企业提供的产品或服务必须具有较高的市场占有率，否则大量生产就毫无意义，而不大量生产也就不能使成本有较明显的降低。

1. 实施成本领先战略的条件

一是企业各产品之间的关联性强，能够充分利用企业的生产制造系统。

二是低成本能有效提高企业市场占有率，进而给企业带来高额收益。

三是必须具有先进的生产工艺技术和现代化技术装备，能够进行大批量生产。

四是建立起严格的、全面的成本控制系统，并且该系统能够在企业各个部门有效运行。

2. 成本领先战略的优、缺点

成本领先战略的优点是：当企业处于低成本地位时，形成抵挡竞争对手的优势；企业建立起庞大生产规模和成本优势，使欲进入该行业的投资者望而却步，形成行业进入壁垒；提高与经销商、供应商谈判时的讨价还价能力。

成本领先战略的缺点是：新的生产技术的出现可能使企业过去积累的生产经验变得低效；行业中的竞争对手或新加入者通过模仿、吸取前人经验或购买更先进的生产设备，使自己的成本更低，后来者居上，这时，企业的成本领先优势也将不复存在；随着经济的发展和人们收入水平的提高，消费者从注重产品价格开始转向更加注重产品差异性，这使得成本领先优势的意义大大降低。

二、差异化战略

差异化战略也称标歧立异战略。如果一家企业追求在行业中与众不同，它实施的就是差异化战略。该战略致力于满足顾客普遍重视的一个或几个特性，如高超的质量、卓越的性能、周到的服务、创新的设计或独特的品牌形象等。一家能够创造和保持差异性的企业，如果其产品溢价超过了它为追求差异性而付出的额外成本，它的收益率就会高于行业的平均赢利水平。

1. 实施差异化战略的条件

一是企业具有较强的研究和开发能力，能够不断开发出满足顾客不同需求的新产品。

二是企业产品质量好或者具有技术领先的声望。

三是企业具有强大的市场营销能力，能够提供优质的服务，在市场上有良好形象。

四是企业的研发、生产和营销等部门之间能够进行有效的协调和配合。

2. 差异化战略的优、缺点

差异化战略的优点是：建立起顾客对企业及其产品的信赖和忠诚，形成企业竞争优势，顾客的信赖和忠诚形成了强有力的行业进入壁垒，如果新加入者想参与市场竞争，就必须投入大量资源来扭转顾客对企业及其产品的信赖和忠诚；差异化可以使企业制定高价格，进而获取高额收益。

差异化战略的缺点是：由于增加研发费用、采购高档原材料或投放大量广告等原因，企业成本往往比较高；如果竞争对手也推行差异化战略，并且在质量、性能、形象等方面不断强化其差异性，也会使本企业的差异性优势大大降低。

三、集中化战略

集中化战略也称目标聚集战略，是指将企业资源集中于狭小的细分市场上，追求成本领先优势或差异化优势的战略。如果企业追求的是在目标市场上的成本领先优势，它实施的就是成本聚集战略；如果企业追求的是在目标市场上与众不同的差异化优势，它实施的则是歧异聚集战略。因此，集中化战略是前两种战略类型的一种特殊表现形式，所不同的是前两者追求在整个市场范围内实现成本领先或差异化，而它则是追求在较小范围内，集中企业有限的资源和能力获取竞争优势，进而获得高于行业平均水平的收益。

集中化战略的优点是组织结构简单，便于管理，有利于充分利用企业的资源和能力。它明显的不足是市场风险比较大，一旦目标市场需求发生较大的变化，企业就可能陷入困境。根据中小企业在规模、资源等方面的特点，集中化战略是中小企业较为适宜的战略选择。

四、竞争战略选择的制约因素

企业在进行战略选择时，应结合自身情况选择适宜的竞争战略，其中，须考虑的制约因素主要有以下几项：

1. 当地经济发展水平

经济发展水平较高的地区，由于居民收入水平高，对产品品牌、品质、服务等方面的关注超过了对价格的关注，同时，这类区域一般市场竞争激烈，因此，成本领先战略在很大程度上失去意义，差异化战略会更加有效。相反，经济发展水平较低的地区，由于居民收入水平低，对价格比较敏感，所以比较适于采取成本领先战略，以较低的价格刺激人们的选购需求。

2. 企业自身资源和发展阶段

在企业发展初期，由于企业规模较小，资源比较有限，能力比较薄弱，这时应选择集中化战略，即集中有限的资源在特定市场领域里追求低成本或差异化，使企业在市场上站稳脚跟。随着企业规模的扩大，企业的资源和能力不断得到积累，不同的企业可能形成不同的优势。如果企业的生产能力较强而研发能力或市场营销能力较弱，则可考虑采取成本领先战略；相反，如果企业具有较强的研发能力、市场营销能力，则可考虑采取差异化战略。

3. 行业所处生命周期阶段

从行业生命周期来看，在投入期和成长期，为了抢占市场，抑制潜在进入者，企业通常应主要采取成本领先战略，以刺激需求，使企业处于低成本、高市场占有率、高收益和更新改造的良性循环中。而到了行业的成熟期与衰退期，消费需求呈现多样化、复杂化与个性化的局面，这时企业应以差异化战略为主，建立顾客忠诚度。例如，我国的汽车行业目前已进入成熟期，各汽车企业要想继续发展，应积极实施差异化战略。

4. 产品类别

对于不同的产品，购买者对价格、质量、服务、品牌形象等因素有不同的关注程度。大多数的工业品，如钢材、标准机械等，标准化程度都比较高，在保证产品基本质量的前提下，价格成为购买者最关注的因素，企业应采取成本领先战略。但一些专用机械、成套设备等工业品，非常强调售后服务，应采取服务方面的差异化战略。对于消费品中的耐用品来说，由于它们属于一次性购买、长期使用的产品，品牌形象、质量、售后服务等因素都非常重要，因此宜采取差异化战略。而对于大多数的日用消费品，由于人们反复少量购买，价格仍是消费者最关注的因素，企业可以采取成本领先战略。

阅读材料

劲霸男装的竞争战略

劲霸男装曾是国内服装界的一匹黑马。2001 年，劲霸男装实施新的品牌战略，开始在全国范围内实施一系列的差异化营销策略。短短两年时间，劲霸男装迅速从一个三线品牌跃升为中国男装极具竞争力的知名品牌。特别是自 2003 年，在全国范围内拉开把学习理念引进中国服装行业活动的序幕后，劲霸男装在二、三线市场的市场占有率大大高于同行业其他男装品牌，其专卖店的开店数呈爆发性增长，同时引爆了服装业内的专卖店热。

劲霸男装面对的有同类品牌形象、同质产品（相同成分的产品）和雷同款式三个层面的竞争，以下从概念性区别产品差异基础和实证研究产品差异基础两种角度来分析劲霸男装的产品差异竞争战略。

1. 以概念性区别作为产品差异基础

（1）产品特征

劲霸男装作为日用消费品，其产品优势就是强有力的设计开发。但与同质同等级的其他品牌如七匹狼相比，其优势并不十分明显。

（2）售后服务

劲霸男装的售后服务职能直属于总公司总经理办公室，相关事宜处理得十分快捷。竞争品牌没有哪家能达到同一水平。

（3）时机

在恰当的时间推出新品有助于产品差异化，关键在于谁能成为先行者。劲霸男装强大的产品开发设计队伍，有力地支持了营销部门抢占市场先机。

（4）位置

劲霸男装生产基地在福建晋江英林镇，是中国著名的休闲服装生产名镇。这里聚集着中国三大男装品牌，以及大大小小上百家男装生产企业。相对来说各方面的信息来源比较集中，有比较完整的生产配套设施。

（5）产品组合

劲霸男装多数是单品打市场，并不具备很强的竞争优势，但是劲霸夹克在款式、功能上是具有竞争优势的。

（6）声誉

产品差异最有力的基础之一是一个企业及其产品的声誉，声誉往往很难建立，而一旦建立起来，将持续很长时间。劲霸通过媒体宣传等方面的努力，使其知名度迅速提高。但是，销售量增加带来的售后服务、产品品质等方面的压力也增大了。

2. 以实证研究作为产品差异基础

（1）分销渠道

产品可以不同的分销渠道为基础实现差异化，劲霸男装实行产品区域代理制，通过省级代理，二、三级加盟，成功地开拓并稳固了二、三级市场，并能很好地维护市场秩序。劲霸男装把销售重点放在了二、三线市场，巩固二、三线市场的消费市场，形成了差异化优势。

（2）对分销渠道强有力的控制能力

劲霸男装对省级代理的控制能力非常强，与国内同行业其他品牌相比，当时没有哪一家品牌具备如此强的掌控能力。

（3）对各级加盟商实行智力投资

劲霸男装的高层对市场的敏锐度极高，率先在国内服装行业大张旗鼓地掀起学习的热潮，对各级代理商、加盟商分别进行培训，激发他们的学习热情，提高其核心竞争力。

思考与练习

一、名词解释

1. 总体战略

2. 稳定型战略

3. 集中化战略

二、简答题

1. 简述总体战略的类型及其特征。

2. 简述 BCG 矩阵法和麦肯锡矩阵法的特点。

3. 简述竞争战略的类型及其实施条件。

三、案例分析

吉利汽车的战略转型

2009 年以前，吉利汽车在价格和品牌上一直都给人以“草根”的印象。低成本和低价格一方面为吉利带来丰厚利润，另一方面又使吉利的品牌无法更上一层楼。

2001 年，吉利汽车拿到了轿车生产资格的“准生证”。那时，吉利的口号是“造老百姓买得起的车”，吉利汽车以低价策略与国内市场上的主要竞争对手——合资车企们实现差异化竞争。

低价的差异化竞争策略让新生的吉利汽车在中国汽车市场上站稳脚跟，并通过借壳方式在香港交易所成功上市。但此时，低价策略导致的低利润等负面影响开始显现。低价策略导致吉利汽车没有能力提高其生产体系内的供应商层次，这也影响到吉利汽车的质量水平。如果按低价策略走下去，吉利汽车看不到任何希望。

2007 年 5 月，吉利汽车开始战略转型之路。他们首次提出不打价格战，明确企业核心竞争力将从成本竞争向品质竞争和全面领先转变。

确定开始转型的思路后，吉利集团董事长李书福明确，战略转型首先要花大量的钱去研究领先技术，其次要建设质量保证体系与售后服务体系。同时，他对吉利汽车作了新的品牌规划，把原来的“吉利”标志作为集团公司的品牌形象，而产品品牌则分成帝豪、全球鹰和上海英伦三个。李书福希望新品牌、新技术能提高吉利产品的附加值，带高吉利汽车的利润率。

自此，李书福开始了收购之旅。三大品牌之一的“上海英伦”，就建立在 2006 年收购英国锰铜公司旗下的经典黑色出租车品牌与资产的基础上。在技术方面，吉利于 2009 年收购澳大利亚著名汽车变速器生产商 DSI，以获取逐渐占主流地位的 DCT 变速箱技术。

2010 年，吉利汽车更是以“蛇吞象”的方式收购了福特汽车公司旗下沃尔沃轿车公司 100% 的股权，也在全世界打响了知名度。对于吉利集团而言，收购沃尔沃是其摆脱低端品牌形象、实施战略转型中的一颗重要棋子——利用沃尔沃多年沉淀的技术体系与“最安全车”的品牌形象，来打吉利汽车的“安全牌”，从而实现吉利旗下品牌的重新定位。

2019 年，吉利又与德国戴姆勒公司签署协议，收购其旗下 Smart 汽车品牌 50% 的股权，吉利的品牌知名度又因此上升了一个层次。

问题：请根据企业战略管理的理论，分析吉利收购沃尔沃的原因，并简要谈谈其战略转型的成功之处。